Hofmann

P.A.U.L. D.

Arbeitsheft

5

Herausgegeben und
erarbeitet von:

Johannes Diekhans
Michael Fuchs

Schöningh

Textquellenverzeichnis (Die Ziffern in Klammern mit dem Zusatz „Lös" verweisen auf die Lösungsbeilage)
S. 4–6 (1 Lös): Erich Kästner: Die Konferenz der Tiere. In: Kästner für Kinder. Band 2. Büchergilde Gutenberg, 1985 [© Atrium Verlag, Zürich]; **S. 7–11**: „Spendabler Geldautomat", „Oma im Tresor vergessen", „Känguru geehrt", „Kolumbus", „Karneval", „Lawinen", „Olympische Spiele", „Hai: Texte von Kristine Kretschmer und Annette Bässler" aus www.sowieso.de; **S. 12** (3Lös) „Welche Aufgabe hat das Skelett?", **S. 13** „Das Eichhörnchen", **S. 14** „Der Hund", **S. 15** (4Lös) „Spechte sind Baumbewohner", **S. 35** (13 Lös) „Welpen", **S. 36** (13Lös) „Dromedar" in: Biologie heute 1 G, von Erich Strauß, Joachim Dobers, Joachim Jaenicke. Hannover: Schroedel 1987; **S. 16** (Bildergeschichte): Hans Kossatz: Willi und Familie Kaiser. Verlag Illustrierte Presse GmbH, Stuttgart 1957, zit. nach: Bildergeschichten. Ein Arbeitsmittel für das mündliche und schriftliche Erzählen. 4. bis 8. Schuljahr. Herausgegeben von Klaus Gerth. Hannover: Schroedel 1972; **S. 18, 21** (Forts.) (5–6Lös, 7 Lös): Otfried Preußler: Die Rathausglocke. In: ders.: Bei uns in Schilda. München: dtv 1977 [© by Thienemann Verlag, Stuttgart]; **S. 20** (7 Lös): Gina Ruck-Pauquèt: Mit dem Kopf durch die Wand. In: dies.: Der Löwe, der Mäuschen hieß, und andere Geschichten. Berlin: Elefanten-Press 1985; **S. 26** (9 Lös): Was heißt Omnibus auf deutsch? In: Nikolaus Lenz: Das Buch der 1000 Kinderfragen. Bindlach: Löwe 1995; **S. 38** (14 Lös): Vorwort zu: Des Freiherrn von Münchhausen wunderbare Reisen und Abenteuer zu Wasser und zu Lande. Nacherzählt von Erich Kästner. Zürich: Atrium 1951; **S. 47** (18 Lös): Paul Maar: Land auf dem Sonntag. In: ders.: Dann wird es wohl ein Nashorn sein. Weinheim und Basel: Beltz & Gelberg 1988; **S. 49** (19 Lös): Großer Schnauftest. Nach: F. A. Brockhaus AG in Leipzig: Kinderkalender 2002. Bibliographisches Institut, Lektorat Kinder- und Jugendbuch; **S. 54** (21 Lös): Venus – eine Göttin mit zwei Sternen. F. A. Brockhaus AG in Leipzig: Kinderkalender 2002. Bibliographisches Institut, Lektorat Kinder- und Jugendbuch; **S. 58** (22–23 Lös): Wer ist der Urahne des Hundes?, **S. 60** (24 Lös): Wie gut hören Hunde? In: Peter Teichmann: Hunde. Nürnberg: Tessloff Verlag 1994 (leicht geändert); **S. 61**: Die ersten Schiffe. In: Wer? Wie? Was? Interessante Fragen – spannende Antworten. Nürnberg: Tessloff Verlag 1995, S. 129; **S. 63** (25 Lös): Bruno Horst Bull: Komm in mein Haus, In: Hans Joachim Gelberg (Hrg.): Überall und neben dir. Gedichte für Kinder. Weinheim und Basel: Beltz & Gelberg 1986, S. 40; **S. 63** (25 Lös): Günter Ullmann: Bevor ich meine Eltern ins Bettchen schaffe. Ebenda, S. 173; **S. 68** (26–27 Lös): Hans Manz: Nachrichten aus Königshäusern. Ebenda, S. 74–75; **S. 74** (28–29 Lös): Martin Auer: Über die Erde. Ebenda, S. 286; **S. 75**: Die Eroberung des Weltalls. In: Wer? Wie? Was? Interessante Fragen – spannende Antworten. Nürnberg: Tessloff Verlag 1995, S. 146, gekürzt; **S. 85** (32 Lös): Janosch: Das Liebesbrief-Ei. In: Hans Joachim Gelberg (Hrg.): Überall und neben dir. Gedichte für Kinder. Weinheim und Basel: Beltz & Gelberg 1989, S. 156; **S. 86** (33 Lös): Windhunde. Aus: Peter Teichmann: Hunde. Nürnberg: Tessloff Verlag 1994, leicht geändert; **S. 89–91** „Säugetiere", „Tiger unterwegs", „Richtige Vampire" (34 Lös): Aus: „spielen und lernen". Tierbuch. Band 7. Seelze: Velber Verlag 1995, S. 45

Abbildungsnachweise
(8), (10) © bpk, Berlin – (14) © Reinhard Tierfoto – (31 u., (38) Verlagsarchiv Schöningh/M. Schwedt – (31 o.) Aus: Märchen der Brüder Grimm. Bilder von Nikolas Heidelbach. Weinheim/Basel: Beltz Verlag 1995, S. 329 – (32) © Oliver Zabel, Worpswede – (36) © Jochen Tack/Das Fotoarchiv – (75) © TV-yesterday – (86) © Lineair/Das Fotoarchiv

Westermann Schroedel Diesterweg Schöningh Winklers GmbH
Braunschweig, Paderborn, Darmstadt

www.schoeningh-schulbuch.de
Schöningh Verlag, Jühenplatz 1–3, 33098 Paderborn

Druck A 17 16 15 / Jahr 2017 16 15
Alle Drucke der Serie A sind im Unterricht parallel verwendbar.
Die letzte Zahl bezeichnet das Jahr dieses Druckes.

Illustrationen: Matthias Berghahn, Günther Jakobs
Umschlaggestaltung: Ivonne Junge-Illies
Druck und Bindung: westermann druck GmbH, Braunschweig

ISBN 978-3-14-028007-5

Inhaltsverzeichnis

Kleines Lesetraining

Um Texte genau zu verstehen, ist es wichtig, sie langsam und gründlich zu lesen. Mit den folgenden Übungen kannst du überprüfen, wie genau du liest.

1. In dem folgenden Text sind an zwei Stellen zwei Zeilen vertauscht. Schreibe unter den Text, welche Zeilen vertauscht sind.

Erich Kästner
Die Konferenz der Tiere

Eines schönen Tages wurde es den Tieren zu dumm. Der Löwe Alois, der sich mit Oskar, dem Elefanten, und dem Giraffenmännchen Leopold wie immer freitags zum Abendschoppen am Tschadsee in Nordafrika traf, sagte, seine Künstlermähne schüttelnd: „O diese Menschen! Wenn ich nicht so blond wäre, könnte ich mich auf der Stelle schwarzärgern!“

Oskar, der Elefant, drehte sich unter dem eigenen hoch erhobenen Rüssel, besprengte, wie unter einer lauen Badezimmerdusche, den Rücken, räkelte sich faul und brummte etwas im tiefsten Bass vor sich hin, was die beiden anderen nicht verstanden.

am Wasser und trank in kleinen hastigen Schlu- Die Giraffe Leopold stand mit gegrätschten Beinen cken. Dann meinte sie, ach nein, er: „Schreckliche Leute! Und sie könnten's so hübsch haben! Sie segeln wie die Enten, sie klettern wie die Gäm- tauchen wie die Fische, sie laufen wie wir, sie sen und fliegen wie die Adler, und was bringen sie mit ihrer Tüchtigkeit zustande?“

„Kriege!“, knurrte der Löwe Alois. „Kriege bringen sie zustande. Und Revolutionen. Und Streiks. Und Hungersnöte. Und neue Krankheiten. Wenn ich nicht so blond wäre, könnte ich mich auf der Stelle ...“

„... schwarzärgern“, vollendete die Giraffe den Satz. Denn den kannten die Tiere der Wüste längst auswendig.

Vertauscht ist die Zeile .... mit der Zeile .... und die Zeile .... mit der Zeile ....

2. Im folgenden Textabschnitt sind einige Wörter weggelassen. Sie stehen unter dem Text. Schreibe dahinter, in welche Zeile sie gehören.

„Mir tun bloß die Kinder leid, die sie haben“, meinte der Oskar und ließ die Ohren hängen. „So nette Kinder! Und immer müssen sie die Kriege und die Revolutionen und Streiks mitmachen, und dann sagen die Großen noch: Sie hätten nur getan, damit es den Kindern später einmal besser ginge. So eine Frechheit, was?“

„Ein Vetter meiner Frau“, erzählte Alois, „war während des letzten Weltkriegs an einem großen Zirkus in Deutschland engagiert. Als Balanceakt und Reifenspringer. Hasdrubal, der Wüstenschreck, ist sein Künstlername. Bei einem schweren Luftangriff brannte ab und die Tiere rissen sich los ...“
„Die armen Kinder“, brummte der große Elefant.
„... und die ganze Stadt stand in Flammen, und die Tiere und die Menschen schrien“, fuhr der Löwe fort, „und Hasdrubal, dem Vetter meiner Frau, sengte der glühende Wind die Mähne ab, und er trägt seitdem ein Toupet.“ Wütend schlug Alois der Sahara mit seinem Schweif. „Diese Dummköpfe!“, brüllte er. „Immer wieder müssen sie Krieg machen, und kaum haben sie alles entzweigemacht, raufen sie sich die Haare! Wenn ich nicht so blond wäre ...“

Elefant – Zeile: ____________

alles – Zeile: ____________

das Zelt – Zeile: ____________

den Sand – Zeile: ____________

3. In dem folgenden Textausschnitt sind sechs Wörter hinzugefügt worden. Suche sie und streiche sie durch.

„Schon gut“, unterbrach ihn die Giraffe. „Aber Schimpfen hilft umsonst nichts. Es müsste etwas geschehen!“
„Jawohl!“, trompetete Oskar, der Elefant. „Vor allem wegen der hohen Kinder, die sie haben – aber was?“ Da ihnen nichts einfiel, trotteten sie betrübt heim. [...]
Nach einer Nacht voller merkwürdiger Träume Räume rannte der Elefant, noch verschlafen und in Pantoffeln, in aller Herrgottsfrühe zum Telefon und meldete sechs grüne Ferngespräche an: eines mit seinem kleinen Neffen, dem Tapir Theodor, in Südamerika; eins mit dem Känguru schlafen Gustav in Australien; eines mit dem alten Eisbären Paul am Nordpol; eins mit der Eule Ulrich in Mitteleuropa; das fünfte mit der Maus Max in Asien und das sechste mit Reinhold, dem Stier in Nordamerika. Da hatten mit die Störche und die Flamingos, die im ägyptischen Hauptpostamt als Telefonfräuleins angestellt waren, mächtig zu tun. Erst gab es ein paar Fehlverbindungen, aber schließlich klappte es.

4. In den folgenden Textausschnitt haben sich sechs falsche Begriffe eingeschlichen. Streiche sie durch und ersetze sie durch Wörter, die in den Zusammenhang passen.

„Hört bitte genau zu!“, rief Oskar, der Elefant. „Mit den Flugzeugen geht das so nicht weiter! Versteht ihr mich?“ „Ja, Oskar!“, antworteten die sechs, so müde sie konnten. „Ich habe eine Idee gehabt!“, brüllte der Elefant. „Es ist ihrer Kinder wegen, bloß deshalb! Eine ausgezeichnete Tasse. Das heißt, mir und meiner Frau gefällt sie sehr ... Sie ist bestimmt nicht übel ... Nein, schlecht ist sie nicht ... Es gibt dümmere Einfälle ... Denn sagt ihr denn gar nichts?“ „Wir warten auf deine Idee!“, rief der Stier Reinhold in Nordamerika. „Ach so“, ging der Elefant, und alle sieben mussten lachen. „Nun verrate sie uns schon!“, kicherte die Maus Max in Asien. „Also, hört oben!“, rief der Elefant. Die Menschen machen in einem fort Konferenzen, ohne etwas zu erreichen, und so ist meine Idee, dass wir auch – eine Konferenz abhalten!“

5. In dem folgenden Textausschnitt findet ihr für einen Begriff in Klammern drei Möglichkeiten, von denen eine zutrifft. Versucht beim Lesen gleich den zutreffenden Begriff zu erkennen.

Nach diesen Worten blieb es in den sechs (Zimmern/Autos/Telefonleitungen) ziemlich lange still. Schließlich schnatterten und klapperten die Flamingos und Störche ungeduldig mit den (Federn/Fingernägeln/Schnäbeln) und fragten spitz: „Sprechen Sie noch?"
„Unterstehen Sie sich, mich zu (mieten/kaufen/trennen)!", trompetete der Elefant. Dann brüllte er: „Paul! Theodor! Max! Reinhold! Ulrich! Gustav! Seid ihr plötzlich (kahl/grün/taubstumm) geworden?"
„Das nun nicht gerade", meinte der Eisbär und wiegte nachdenklich den Kopf, „es ist nur ein bisschen (fröhlich/munter/merkwürdig) ... erst schimpfst du auf die Konferenzen, und dann ..."
„Paul hat ganz Recht", schnarrte die Eule, „erst schimpfst du, und nun sollen wir selbst so ein Ding abhalten!"
„Hui!", pfiff Max, die Maus, „wir werden uns (schießen/melden/blamieren), passt auf!"
„Den Teufel werden wir tun!", (säuselte/wimmerte/donnerte) Oskar: „Es liegt doch nicht an den Konferenzen, sondern an den Menschen! Habt ihr gar keine Selbstachtung, wie? Das wäre ja gelacht. Hört zu, ihr (Spieler/Denker/Angstmeier): Heute in vier Wochen versammeln sich sämtliche Abordnungen im Hochhaus der Tiere! Verständigt umgehend alle Gattungen und (Sorten/Mengen/Arten)! Termin – heute in vier Wochen! Treffpunkt – Hochhaus der Tiere! Da werden wir ja sehen, ob ..."
„Die fünf (Eier/Socken/Minuten) sind um", schnatterten die Telefonfräuleins im ägyptischen Hauptpostamt, „wir müssen (laufen/schlagen/trennen)." „Dumme Gänse", brummte Oskar verärgert.

6. In dem folgenden Textausschnitt fehlen in einer Reihe von Wörtern Buchstaben. Versuche trotzdem, den Text flüssig zu lesen.

„Gänse?", ri__en die Telefonfräuleins em_ört. „Erlauben Sie mal! Hi__ werden nur Störche und Flamingos beschäftigt!"
„D_nn also: D_mme Stelzfüßler!", meinte der E__fant achselzuckend und hä__te ein. Er war vö__ig erschöpft und musste sich die St_rn abtrocknen.
(S__n Taschent_ch war übrigens vier M__er lang und vier Meter br__t.) Der Nachrichtendienst klappte w__ am Schnürchen. Die Hunde j_gten wie der Wirbelw__d durch die Städte und D__fer. Die Wiesel raschelten durch die G_r_en. Die Hirsche und Rehböcke galoppierten d__ch die Wä__er, dass es dürre Zweige regnete. „Heute in vier W__hen Konferenz im H_chhaus der T__re!"
Die Zeb__s donnerten wie ein G__itter durch die W_sten. Die Gazellen und Antilopen schossen wie Pf__le über die Steppen. Der V_gel Strauß und der Emu griffen aus, dass der Stau_ wie Wol__n von der Erde aufstieg. „Heu__ in vier Woch__ Konferenz im Hoch____ der Tiere !"

Mit Sachtexten umgehen

Um den Inhalt eines Sachtextes besser zu verstehen und sich merken zu können, gibt es unterschiedliche Möglichkeiten:

- Du kannst einzelnen Textabschnitten eine Überschrift geben;
- du kannst wahre und falsche Aussagen unterscheiden;
- du kannst Fragen zu dem Text stellen, auf die er Antworten gibt;
- du kannst einen Text mit Randanmerkungen versehen;
- du kannst eine Mind-Map zu dem Text erstellen.

Eine passende Überschrift zuordnen

1. Überlege, welche der unten stehenden Überschriften zu welchem Zeitungsbericht passt. Schreibe dann die Überschrift neben den entsprechenden Bericht.

Eine alte Frau war zwei Tage lang im Tresorraum einer Lübecker Bank eingeschlossen. Die Angehörigen hatten eine Vermisstenanzeige aufgegeben, als die 77-Jährige am Freitag nicht nach Hause kam. Am Sonntagnachmittag öffneten die Bankmitarbeiter auf Drängen der Polizei den Tresorraum. Vorher hatten sie erklärt, die Frau könne dort nicht sein, sonst hätte die Alarmanlage angeschlagen. Die Frau hatte großen Durst, war sonst aber unverletzt.

____

Ein Känguru in Australien ist mit einer Tapferkeitsmedaille geehrt worden. Das Tier hatte sein Herrchen gerettet. Der Mann war von einem abgestürzten Ast eingeklemmt worden und drohte zu ersticken. Das Känguru hüpfte zum Haus und holte Hilfe. Es lebt bei dem Farmer, seit seine Mutter überfahren worden ist. Jeden Abend klopfe es an die Tür und verlange Kekse, erklärte der gerettete Mann.

____

Ein Geldautomat in einer Ortschaft in England hat in einer Nacht allen doppelt so viel ausgezahlt, wie sie abheben wollten. Der Automat war versehentlich mit falschen Scheinen gefüllt worden. Schnell bildete sich eine lange Schlange vor dem Geldautomaten. Eine Frau ließ sich sogar im Morgenrock und mit Lockenwicklern im Haar von einem Taxi zur Bank fahren. Bis zur Öffnung der Bank am Morgen hatten die Kunden 98.000 Euro abgehoben. Alle dürfen das Geld behalten.

____

Oma im Tresorraum vergessen

Spendabler Geldautomat

Känguru geehrt

Wahre und falsche Aussagen erkennen

1. Lies den folgenden Text aufmerksam durch. Decke dann den Text mit einem Blatt Papier ab und kreuze an, welche der folgenden Aussagen wahr oder falsch sind. Prüfe anschließend deine Antwort, indem du die entsprechende Zeile angibst, in der die Antwort zu finden ist.

Kolumbus

Christoph Kolumbus wurde 1451 in Italien geboren und war Seefahrer und Entdecker. Im Auftrag des spanischen Herrscherhauses unternahm er vier große Seereisen in Richtung Westen. Dabei entdeckte er Kuba, die karibischen Inseln sowie die Küsten von Süd- und Mittelamerika. Das war damals eine Sensation, denn bis dahin wussten die Menschen in Europa nichts von der Existenz dieses Kontinents. Auch Kolumbus hatte zunächst keine Ahnung, wo er gelandet war. Er war davon ausgegangen, dass er Indien erreichen würde. Deshalb nannte er die Ureinwohner Amerikas auch Indianer. Neue Länder zu entdecken war in früheren Zeiten ein einträgliches Geschäft. Die „Entdecker-Länder" machten sich die neu entdeckten Gebiete nämlich untertan – unabhängig davon, ob dort schon Menschen lebten oder nicht. Sehr oft setzten sie diesen Machtanspruch mit brutaler Gewalt durch, ließen zigtausende von Menschen töten oder zu Sklaven machen und das Land ausbeuten.

Aussage	wahr	falsch	Zeile
Christoph Kolumbus wurde 1451 in Italien geboren.			
Kolumbus entdeckte den Seeweg nach Indien.			
Kolumbus war im Auftrag des spanischen Herrscherhauses auf Entdeckungsfahrt.			
Die Menschen kannten zu seiner Zeit bereits den Kontinent Amerika.			
Kolumbus nannte die Ureinwohner „Indianer".			
Die Entdecker verhielten sich freundlich gegenüber den Einwohnern.			

2. Verfahre wie in Aufgabe 1 mit dem folgenden Text. Kreuze wieder an, ob eine Aussage wahr oder falsch ist, und überprüfe deine Angabe.

Karneval

Karneval nennt man die Zeit zwischen dem 11. November und dem Aschermittwoch. In dieser Zeitspanne feiern die Jecken und Narren.
Karneval wird in bestimmten Gegenden Deutschlands gefeiert. Besonders Köln, Düsseldorf und Mainz gelten als Karnevalsstädte. Dort kommt auf dem Höhepunkt des Karnevals das normale Leben zum Erliegen. Ämter bleiben geschlossen, Büros sind nicht zu erreichen; viele Leute arbeiten nicht und feiern tagelang durch. In Süddeutschland feiert man Fasching oder Fastnacht. Das sind andere Namen für den gleichen Anlass.

Ob Karneval, Fasching oder Fastnacht – gemeint ist immer eine Zeit ausgelassener Feiern mit Kostümen, Tanz und Straßenumzügen. Die Feiern werden umso heftiger, je näher der Aschermittwoch rückt. Denn am Aschermittwoch ist schlagartig alles vorbei.
An diesem Tag beginnt die Fastenzeit. Sie wurde schon im 12. Jahrhundert von der Kirche ausgerufen. Von Aschermittwoch bis zum Ostersonntag sollten die gläubigen Christen sich einschränken und weniger essen, weniger trinken und mehr beten. Darauf geht wohl auch der Karnevalsrummel zurück: Bevor man sich in die Fastenzeit fügte, machte man noch einmal „richtig einen drauf".
Es gibt noch eine andere Erklärung für die Entstehung des Karnevalstreibens. Schon seit Jahrhunderten wurde in vielen Gegenden Deutschlands der Winter ausgetrieben. Verkleidet und mit viel Krach machte sich ein ganzes Dorf auf den Weg und verjagte den Winter. Einer der Dorfbewohner spielte ihn und ließ sich aus dem Dorf treiben. Anschließend wurde dieser Erfolg mit Essen und Trinken, Musik und Tanz und allerlei Späßen gefeiert.

Aussage	wahr	falsch	Zeile
Karneval wird vor allem in bestimmten Gegenden Deutschlands gefeiert.			
Zwischen Karneval und Fasching besteht ein großer Unterschied.			
Der Karneval endet am Aschermittwoch.			
Der Karneval leitet das Ende der Fastenzeit ein.			
Es gibt nur eine Erklärung für die Entstehung des Karnevals.			
Karneval ist eine Zeit, in der die Menschen ausgelassen und fröhlich feiern.			

Wahre und falsche Aussagen zu einem Text formulieren

1. Schreibe zu dem folgenden Text zwei wahre und zwei falsche Aussagen auf. Lass deinen Tischnachbarn oder deine Tischnachbarin die richtige Lösung ermitteln.

Lawinen

Mit dem Wort Lawine meint man Schneemassen, die an kahlen, steilen Berghängen abrutschen. Es gibt Staublawinen aus Pulverschnee, Nassschneelawinen, die im Frühjahr bei der Schneeschmelze abgehen, und Schneebrettlawinen. Bei Schneebrettlawinen bricht die Schneedecke wie eine Scholle ab und beginnt ins Tal zu rutschen. Solche Schneebretter werden oft von Skifahrern oder Snowboardern ausgelöst, die im Pulverschnee neben den präparierten Pisten fahren.
Die Schneemassen einer Lawine reißen alles mit sich, was ihnen auf ihrem Weg begegnet. Menschen, die von Lawinen verschüttet werden, müssen möglichst schnell freigeschaufelt werden. Nach etwa einer Viertelstunde droht nämlich der Tod durch Ersticken, auch wenn sie nur einen halben Meter unter der Oberfläche liegen.
Zum Schutz für Skifahrer, die längere Touren planen, gibt es inzwischen Suchgeräte, mit denen ein Verschütteter angepeilt werden kann. Helfen soll auch ein Lawinen-Airbag. Er besteht aus zwei Ballons, die sich aufblasen, wenn man rechtzeitig an einer Leine zieht. Der Skifahrer wird dann, wenn er Glück hat, nicht zu tief verschüttet und kann geborgen werden.

Aussage	wahr	falsch	Zeile

Fragen zu einem Text beantworten

1. Lies dir den folgenden Text aufmerksam durch. Beantworte anschließend die Fragen, die unter dem Text stehen.

Olympische Spiele

Die Olympischen Spiele haben ihren Namen von dem griechischen Ort Olympia. Schon vor über 2500 Jahren sollen dort Sportwettkämpfe stattgefunden haben. Zwischen diesen Spielen lagen 49 oder 50 Mondphasen – also etwa vier Jahre. Diese Zeitspanne hieß „Olympiade“.

Die Olympischen Spiele waren ein wichtiges Ereignis im Leben der Griechen. Während der Wettkämpfe herrschte im ganzen Land Waffenruhe – eine Ausnahme für die Bürger des Landes, die ständig in Kriege und bewaffnete Auseinandersetzungen verstrickt waren.

Die Sieger der Spiele wurden mit Zweigen bekränzt, die mit einem goldenen Messer von einem heiligen Ölbaum geschnitten wurden. Jeder Sieger wurde mit großen Ehren in seiner Heimat empfangen und musste für den Rest seines Lebens keine Steuern mehr zahlen. Auch im Krieg hatte er eine Sonderrolle – allerdings zweifelhafter Art. Er durfte in vorderster Front an der Seite seines Königs kämpfen.

Ab 393 nach Christus gab es keine Olympischen Spiele mehr. Die Römer, die damals die stärkste Macht der Welt waren, hatten sich inzwischen zum Christentum bekannt. Der damalige römische Kaiser verbot die Spiele, weil sie in seinen Augen nicht zur christlichen Religion passten. Erst Ende des vorletzten Jahrhunderts lebte die Idee der Olympischen Spiele wieder auf. Viele Menschen fanden die Idee gut, junge Menschen aus aller Welt im sportlichen Wettkampf zusammenzuführen und Freundschaften zwischen den Völkern aufzubauen.

Die Olympiaflagge ist weiß mit fünf verschieden farbigen ineinander verschlungenen Ringen. Sie symbolisieren die fünf Kontinente. Wer das Olympiasymbol verwenden will, muss eine Gebühr an das IOC zahlen.

Die Zeremonie der Eröffnungsfeier ist genau festgelegt. Nach Griechenland folgen die anderen Nationen in alphabetischer Reihenfolge. Ein Sportler aus dem Gastland spricht den Olympischen Eid. Er gelobt im Namen aller Teilnehmer, die Regeln zu achten. Danach wird in einer Schale das Olympische Feuer entzündet. Seit 1936 wird es in einem Staffellauf vom Tempelbezirk der alten griechischen Stadt Olympia zum Austragungsort der Spiele gebracht. Nach der Entzündung des Feuers spricht das Staatsoberhaupt des gastgebenden Landes die Eröffnungsformel.

Welchen Lohn erhielt der Sieger eines Wettkampfs?

Woher stammt der Name „Olympia"?

Wie gelangt das Olympische Feuer zu dem jeweiligen Austragungsort der Spiele?

Warum gab es nach 393 n. Chr. keine Olympischen Spiele mehr?

Was gehört alles zur Eröffnungszeremonie der Olympischen Spiele?

Fragen zu einem Text stellen, auf die er Antworten gibt

1. Schreibe vier Fragen auf, auf die der Text über den Hai eine Antwort gibt.

Hai

Der Hai gehört zu den Knorpelfischen. Weltweit gibt es 460 verschiedene Arten. 69 Arten sind vom Aussterben bedroht.

Haie ernähren sich von Fischen, Tintenfischen, Weichtieren und Krebsen. Größere Arten, wie zum Beispiel der Riesenhai, sind Planktonfresser. Weiße Haie fressen Robben. Menschen stehen nicht auf dem Speiseplan der Haie. Nur vier Hai-Arten wären überhaupt groß und kräftig genug, einen Menschen zu fressen.

Zu Weltruhm hat es der Weiße Hai gebracht. Er wird im Kino als Menschen fressendes Monster dargestellt. Doch das entspricht nicht den Tatsachen. Denn Haie sind nicht aggressiv. Haie greifen nur an, wenn sie sich bedroht fühlen, ihr Revier verteidigen müssen oder den Menschen mit Beute verwechseln. Menschen auf Surfbrettern sehen gegen das Sonnenlicht im Wasser aus wie Robben. Wenn ein Weißer Hai also einen Menschen angreift, dann deshalb, weil er ihn mit einer Robbe verwechselt hat. Der Weiße Hai ist also nicht das Monster aus dem Film.

Haie sind für Menschen ungefährlicher als ein Blitzschlag, Autos oder Haustiere. Denn wenn man bedenkt, wie viele Menschen durch einen Autounfall ums Leben kommen, dann sind tödliche Angriffe von Haien äußerst selten.

Haie machen nicht gezielt Jagd auf den Menschen. Aber umgekehrt machen die Menschen Jagd auf Haie. Jährlich werden etwa 100 Millionen Haie durch den Menschen getötet. Der Mensch ist also eine große Bedrohung für den Hai. Haie verlieren ihr Revier, weil Menschen ganze Gebiete abfischen. Das bedeutet, dort wird so viel Fisch gefangen, dass die Haie keine Nahrung mehr finden. Haie werden auch gefangen. Für eine Haifischflossensuppe benötigt man nur die Heckflosse des Hais. Also wird dem Hai diese Flosse abgeschnitten. Dann wird der Fisch zurück ins Meer geworfen, wo er verblutet.

Einen Text mit Randanmerkungen versehen

1. Hier hat jemand schon begonnen, den Text zu bearbeiten. Setze die Bearbeitung fort, indem du für jeden Absatz die wesentlichen Aussagen zu den unterstrichenen Begriffen notierst.

Welche Aufgaben hat das Skelett?

Beim Laufen, Springen oder Turnen wird dein Körper stark belastet. Er muss Erschütterungen ausgleichen, Stöße abfangen und beweglich sein. Wie ist das möglich? Über 200 Knochen sorgen dafür: Sie sind zu einem Knochengerüst, dem Skelett, zusammengesetzt. Es verleiht dir Halt und schützt deinen Körper. Darum sind die Knochen besonders geformt und sinnvoll miteinander verbunden.

Skelett:
Knochengerüst aus 200 Knochen
Schutz und Halt

Das Kopfskelett ist besonders widerstandsfähig. Hier sind harte Knochenplatten zu einem starken Schutzpanzer miteinander verwachsen. Ihre gezackten Verwachsungsstellen bezeichnet man als Knochennähte. Dieser Gehirnschädel mildert Stöße ab und schützt dadurch das Gehirn.

Am Rumpfskelett fällt zunächst die Wirbelsäule auf. Sie trägt den Kopf und den Brustkorb und ist im Becken fest verankert. Der Brustkorb schützt Herz und Lungen weitgehend vor Verletzungen. Zu ihm gehören 12 Paar Rippen, die mit der Wirbelsäule beweglich verbunden sind. Sie krümmen sich bogenförmig nach vorn.

Am beweglichsten sind die Arme und Beine. Man bezeichnet sie als obere und untere Gliedmaßen. Ihre große Beweglichkeit hängt mit dem Aufbau zusammen. So besteht jeder Arm und jedes Bein aus 30 Knochen. Die Gliedmaßen enthalten also mehr als die Hälfte aller Knochen unseres Skeletts.

Eine Mind-Map erstellen

Das Eichhörnchen

In kleinen Sprüngen huscht das Eichhörnchen flink über den Erdboden. Plötzlich hält es inne und macht „Männchen“. Es äugt. Kurz darauf flieht das Eichhörnchen auf einen Baum. Mit kurzen Sätzen klettert es scheinbar mühelos am Stamm empor. Geschickt eilt es durch das Geäst, läuft über einen Querast und springt mit einem gewaltigen Satz zum benachbarten Baum hinüber. Aus der Krone dieses Baumes läuft das Eichhörnchen kopfüber wieder am Baumstamm herunter. Wie kommt es, dass das Eichhörnchen ein so wendiges und sicheres Klettertier ist?

Der Körper ist schlank und leicht. Die langen kräftigen Hinterbeine dienen als Sprungbeine. Alle Pfoten besitzen lange Krallen. Mit ihnen kann sich das Tier an der Borke festhaken. Die Klettersohlen mit den rauen Haftballen verhindern ein Abrutschen auf glatter Rinde. Mit dem langen, buschigen Schwanz wird gesteuert und balanciert. Beim Springen aus größeren Höhen wirkt er wie eine Fallbremse.

Eichhörnchen bauen hoch oben in Astgabeln ihr kugeliges Nest. Dieser Kobel besteht aus einem Flechtwerk von Zweigen. Er besitzt zwei Öffnungen, das Einschlupfloch und das Fluchtloch. Innen ist es warm ausgepolstert. In den Kobel zieht sich das Eichhörnchen immer wieder zurück. Auch die Jungen, die als Nesthocker zur Welt kommen, werden hier aufgezogen. – Der Kobel bietet Schutz vor Habicht, Sperber, Eule und Fuchs. Nur der Baummarder, der größte Feind des Eichhörnchens, stellt ihm auch dort nach.

Eichhörnchen gehören zu den Nagetieren. Sie ernähren sich vorwiegend von Nüssen, Zapfen, Zweigspitzen und jungen Knospen. Mit ihrem kräftigen Nagetiergebiss können sie selbst die härtesten Schalen öffnen. Gelegentlich fressen sie aber auch Vogeleier und Jungvögel.

Im Herbst vergräbt das Eichhörnchen, um während des Überwinterns Nahrung zu haben, Früchte und Samen an vielen Stellen im Boden. Im Winter sucht es diese Vorratskammern von Zeit zu Zeit auf. Es findet sie sogar unter einer Schneedecke.

1. Hier siehst du eine Mind-Map zu dem Text, allerdings fehlen noch die Oberbegriffe, die du auch im Text findest. Trage sie ein.

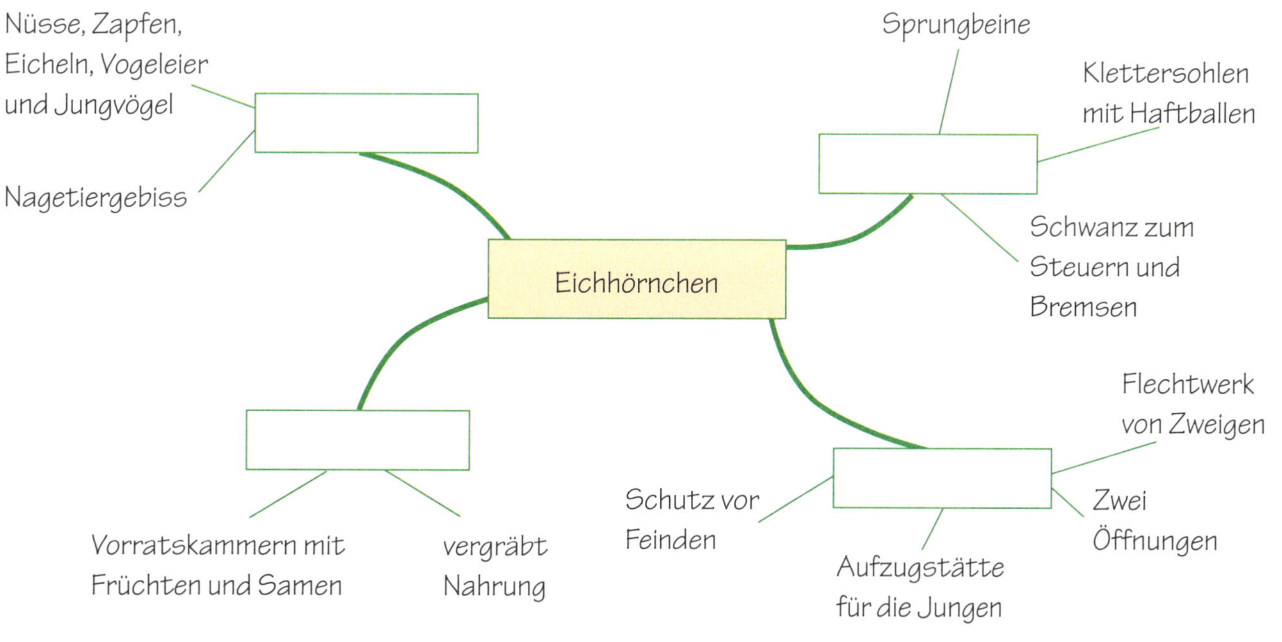

Der Hund

Die Sinne

Wie ist es möglich, dass ein Hund Drogen aufspüren oder einen bestimmten Menschen wiederfinden kann? Seinen Herrn riecht er selbst im dichtesten Menschengewühl. Wir könnten eine bestimmte Person auf diese Weise nicht erkennen. Der Hund besitzt einen viel besseren Geruchssinn als der Mensch. Er ist ein Nasentier. Beim Schnüffeln nimmt er mit der eingesogenen Luft Duftstoffe auf, nach denen er sich orientiert. Diese Witterung führt ihn zum Beispiel bei der Fährtensuche zum Ziel.
Der Hund kann auch viel besser hören als wir. Schon von weitem erkennt er den Schritt seines Herrn, ohne ihn zu sehen. Sogar das Motorgeräusch vom Auto seines Herrn kann er von anderen Motorgeräuschen unterscheiden. Er reagiert außerdem auf sehr hohe Töne, die wir nicht mehr wahrnehmen können. Hunde sind also auch ausgezeichnete Ohrentiere.

Wenn der Hund im Gelände tollt, zeigt er seine „wahre“ Natur. Spürt er einen Hasen oder ein anderes Beutetier auf, so hetzt er in weiten Sprüngen hinterher. Man bezeichnet ihn deshalb als Hetzjäger. Wird ein Stück Papier vom Wind aufgewirbelt, so packt der Hund meist sofort zu und schüttelt sich die „Beute“ um die Ohren. Dieses „Totschütteln“ und auch das Hetzen deuten darauf hin, dass der Hund ein Raubtier ist.

Am Skelettbau erkennst du, warum der Hund leichtfüßig und schnell laufen kann. Er besitzt kräftige Laufbeine und tritt nur mit den Zehen auf. Er ist ein Zehengänger. Wo der Fuß den Boden berührt, befinden sich polsterartige Ballen. Sie sind mit harter Hornhaut überzogen und schützen den Fuß vor Verletzungen. Seine Krallen sind kurz und stumpf und können nicht eingezogen werden.

Hast du schon einmal einen Hund beim Fressen genau beobachtet? Sein Gebiss ist so beschaffen, dass er damit Fleischbrocken zerteilen und harte Knochen mühelos „bearbeiten“ kann. In diesem Raubtiergebiss fallen besonders die langen, dolchartigen Eckzähne oder Fangzähne auf. Sie halten das Fleischstück fest. Mit den gezackten, scharfen Backenzähnen zerreißt und zerkleinert er das Fleisch. Die stärksten Backenzähne heißen Reißzähne. Sie gleiten mit den übrigen Backenzähnen wie Blätter einer Schere aneinander vorbei.

2. Erstelle zu dem Text in deinem Heft über den Hund eine Mind-Map.
Suche zunächst für jeden Abschnitt einen Begriff, der den Inhalt zusammenfasst.
Für den ersten Abschnitt ist der Begriff schon eingetragen.

Einen Text markieren

1. Bearbeite den folgenden Text über den Specht, indem du ihn mit zwei verschieden farbigen Stiften markierst.
Mit der ersten Farbe markierst du wichtige Fachausdrücke, z.B. Kletterfüße, mit der zweiten Farbe unterstreichst du wichtige Aussagen, die du dir merken willst.
Du solltest darauf achten, nicht zu viel zu unterstreichen.

Spechte sind Baumbewohner

Der Specht ist für ein Leben auf Bäumen geschaffen. Mit kleinen Sprüngen hüpft er mühelos den Stamm hinauf. Die Kletterfüße verankern sich dabei in der rauen Borke. Ihre vier Zehen sind mit scharfen, gebogenen Krallen ausgestattet. Zwei Zehen sind nach vorn gerichtet. Sie wirken wie Aufhängehaken. Die beiden anderen Zehen stehen nach hinten und dienen als Stützen. Der Schwanz mit den besonders starken Schwanzfedern wird beim Sitzen gegen den Stamm gestemmt. Dieser Stützschwanz gibt einen sicheren Halt und verhindert ein Abrutschen nach unten.
Wenn du Glück hast, kannst du auch beobachten, wie der Specht zwischen der Borke oder im morschen Holz geschickt nach Beute spürt. Durch kräftige Hiebe mit dem langen, keilförmigen und sehr harten Schnabel werden Insekten oder Larven freigelegt. An diesem Meißelschnabel fällt der kantige Oberschnabel auf. Er besitzt vorn eine senkrechte Schneide und überragt den Unterschnabel ein wenig. Schnabel, Kopf und Hals bilden bei diesem „Zimmermann des Waldes“ eine Art Axt, mit der vom Holz Span für Span abgesplittert werden kann. Hat der Specht den Fraßgang einer Larve freigelegt, schnellt die lange, dünne und biegsame Zunge aus dem Schnabel. Mit der verhornten, harpunenartigen Spitze werden größere Tiere aufgespießt. Kleinere Tiere bleiben am klebrigen Schleim dieser Schleuderzunge hängen. So kann der Specht auch versteckte Beutetiere erreichen, die mehrere Zentimeter tief im Holz leben.
Hat sich ein Spechtpärchen gefunden, so meißelt es in gemeinsamer Arbeit in einen meist kernfaulen Baumstamm eine Nisthöhle. Der Eingang führt leicht nach oben. So kann kein Regenwasser eindringen. Dahinter liegt die birnenförmige Höhle. Sie führt im Stamm nach unten. In der Höhle werden die Eier abgelegt und ausgebrütet. Die Jungen dieser Höhlenbrüter kommen nackt und blind zur Welt. Sie werden von den Eltern gefüttert und großgezogen. Es sind Nesthocker.

Interessant und anschaulich erzählen

Die richtige Reihenfolge

Um die Ereignisse deiner Erzählung in der richtigen Reihenfolge vorzutragen oder aufzuschreiben, ist es oft hilfreich, einen Erzählplan zu erstellen. In dem Erzählplan solltest du stichwortartig festhalten, wer in der Geschichte vorkommt, wo und wann die Geschichte spielt und was sich ereignet.

1. In der folgenden Bildergeschichte ist die Reihenfolge der Bilder durcheinandergeraten. Stelle die richtige Reihenfolge wieder her, indem du die Zahlen 1 – 6 in die entsprechenden Kreise schreibst.
Die Wiederherstellung der Reihenfolge fällt leichter, wenn du zuvor in Stichworten unter die Bilder notierst, was dort zu sehen ist. So erhältst du gleichzeitig bereits einen kleinen Erzählplan zu der Geschichte.
Für das erste Bild sind die Stichwörter bereits notiert.

- Herr Kaiser und sein Sohn Fritzchen wässern Blumen.
- Dackel Willi beobachtet einen Schmetterling.

Die Einleitung

Du kannst das Interesse und die Neugier an deiner Geschichte wecken, indem du schon in der Einleitung Andeutungen darüber machst, was im Hauptteil geschehen wird.

1. Hier sind einige Formulierungen, mit denen du in einer Einleitung Andeutungen zu dem Geschehen im Hauptteil machen kannst.
Trage in die leeren Kästchen ein, ob die Aussage eher auf ein lustiges oder eher auf ein ernstes Geschehen hinweist (l = lustiges Geschehen; e = ernstes Geschehen; e/l = beides ist möglich).

☐ Was dann geschah, sollte meine Erwartungen bei weitem übertreffen.
☐ Ich könnte mich heute noch vor Lachen schütteln, wenn ich an dieses Ereignis zurückdenke.
☐ Ich weiß nicht, ob ich mich in meinem Leben je mehr geärgert habe als an diesem Tag.
☐ An diesen Tag sollten wir noch lange zurückdenken.
☐ Kurz darauf begann dann das große Durcheinander.
☐ Noch heute bekomme ich eine Gänsehaut, wenn ich an die Nacht im Wald denke.

2. Ergänze die folgende Einleitung zu einer Erzählung mit einem Beispiel aus der obigen Liste.

Der Schulstreich

Unser früherer Klassenlehrer war ein Pfundskerl. Wir hatten viel Spaß mit ihm. Er hatte mit uns eine Wette abgeschlossen, dass es uns nicht gelingen würde, ihn mit einem Streich hereinzulegen. Und wirklich, was immer wir anstellten, er kam uns auf die Schliche. Bis auf ein Mal.

Der Hauptteil der Erzählung

Gefühle und Gedanken der Personen

Eine Erzählung wird anschaulich und lebendig, wenn du die Gefühle und Gedanken der handelnden Figuren darstellst. Auf diese Weise ermöglichst du dem Leser oder Zuhörer, in die Figuren hineinzuschauen und mitzuerleben, was in ihnen vorgeht.

1. Im Folgenden sollst du nach Formulierungen suchen, mit denen du anschaulich die Empfindungen einer Person darstellen kannst. Für jede Empfindung ist ein Beispiel vorgegeben.

Angst: Mein Herz blieb stehen.

Freude: Ich riss die Arme hoch.

Wut: Mit geballten Fäusten rannte ich davon.

Enttäuschung/Trauer: Mit hängenden Schultern schlich ich nach Hause.

Die wörtliche Rede

Eine weitere gute Möglichkeit, eine Erzählung anschaulich und lebendig zu schreiben, besteht darin, wörtliche Rede zu benutzen.

2. Unterstreiche in der folgenden Erzählung über die Schildbürger die wörtliche Rede.

Otfried Preußler
Die Rathausglocke

war unser aller Stolz – nicht zuletzt deshalb, weil sie uns einen schweren Batzen Geld gekostet hatte. Wir zeigten sie jedem Fremden, der nach Schilda kam, und der musste sie dann gebührend bewundern. Es war aber auch eine Glocke, die konnte sich sehen und hören lassen!
Leider sollten wir dieses kostbare Stück schon nach wenigen Monaten wieder einbüßen. Eines Tages erfuhren wir nämlich, es werde bald Krieg geben. Wir gerieten darüber in tausend Ängste. Schleunigst ver-

gruben wir Männer das Bargeld, die Weiber den Schmuck und die Kinder ihr Spielzeug. Nichts Wertvolles durfte dem Feind in die Hände fallen.

„Und unsere Rathausglocke schon gar nicht!“, sagte mein Schwiegervater, der Bürgermeister. „Sonst werden die Feinde sie mitnehmen und daraus Kugeln für ihre Kanonen gießen. Dem müssen wir vorbeugen! Aber wohin mit ihr?“

Einige meinten, wir sollten die Glocke im Wald verstecken, und andere rieten: „Vergraben!“ Der Schmied aber sagte: „Das Beste wird sein, wir versenken sie in den Schildsee! Dort ist sie, solange dem Städtchen Gefahr droht, gut aufgehoben. Wir können einstweilen in aller Ruhe den Frieden abwarten und sie dann wieder herausfischen.“

Wir pflichteten alle den Worten des Schmieds bei. Die Glocke wurde vom Rathaus heruntergeholt, und wir schleppten sie an den See. Dort verluden wir sie in ein Boot und ergriffen die Ruder.

Wir ruderten weit hinaus, und als wir zu einer besonders tiefen Stelle gelangt waren, packten der Schmied und zwei andere starke Männer die Glocke und wollten sie über Bord werfen. Aber im letzten Augenblick warnte mein Vetter, der Schneider Siebenkäs:

„Halt! Keinen Unsinn! Wie wollt ihr denn unsere Glocke je wiederfinden, wenn sie erst einmal im Schildsee versunken ist?“

„Dafür sorge ich schon!“, rief mein Schwiegervater, indem er aus seiner Kitteltasche ein Messer hervorzog. Das hielt er dem Vetter Siebenkäs unter die Nase.

„Mit diesem Messer“, erklärte er, „schneide ich hier, wo die Glocke versenkt werden soll, in das Holz des Bootsrandes eine tiefe Kerbe. Das ist unser Zeichen! Mit seiner Hilfe lässt sich die Stelle, an der wir die Glocke ins Wasser geworfen haben, leicht wiederfinden. Ist das nicht sonnenklar?“

Jetzt war auch mein lieber Vetter davon überzeugt, dass nichts schiefgehen konnte. Herr Samuel kerbte den Bootsrand ein, und der Schmied ließ die Glocke genau bei der Kerbe ins Wasser plumpsen. Gurgelnd versank sie. Die Wellen schwappten ins Boot, und wir wurden klitschnass davon. Aber was tat es? Uns machte das gar nichts aus, denn wir wussten ja unsere kostbare Rathausglocke in Sicherheit. Zufrieden ruderten wir nach Hause, und wenn es sein musste, mochte der Feind nun getrost vor die Stadt rücken.

Die Zeichensetzung in der wörtlichen Rede

- Wörtliche Rede und wörtlich wiedergegebene Gedanken werden in **Anführungszeichen** gesetzt:
  „Mama, ich komme heute später nach Haus.“
- Steht der **Redebegleitsatz vor der wörtlichen Rede**, so steht ein Doppelpunkt nach dem Redebegleitsatz:
  Marcel fragte mich: „Kommst du zu meinem Geburtstag?“
- Steht der **Redebegleitsatz hinter der wörtlichen Rede**, wird er durch Komma von der wörtlichen Rede getrennt. Der Schlusspunkt entfällt dann bei der wörtlichen Rede.
  „Ich komme gerne“, sagte Niclas.
  Wenn es sich bei der wörtlichen Rede um einen Fragesatz, Aufforderungssatz oder Ausruf handelt, steht ein Frage- oder Ausrufezeichen am Ende der wörtlichen Rede. Auch in diesem Fall wird die wörtliche Rede durch Komma vom Redebegleitsatz getrennt.
  „Pass auf!“, schrie der Trainer am Spielfeldrand.
  „Wann kommst du?“, fragte ich meinen Freund.
- Die **wörtliche Rede** kann auch durch den **Redebegleitsatz** unterbrochen werden. In diesem Fall wird vor und nach dem Redebegleitsatz ein Komma gesetzt.
  „Heute müssen wir uns besonders konzentrieren“, sagte der Trainer, „wenn wir gewinnen wollen.“

3. Unterstreiche in den folgenden Witzen die Redebegleitsätze.

Gefährliche Rechtschreibung
Die Lehrerin sagt zu Fritzchen: „Du hast Löwe kleingeschrieben, alles, was man anfassen kann, schreibt man groß!“ Daraufhin erwidert Fritzchen: „Versuchen Sie doch mal, einen Löwen anzufassen!“

Glückssache
Die Schule ist aus. Sabine, Karl und Thomas laufen nach Hause. „Und was machen wir am Nachmittag?“, fragt Karl. „Ich weiß“, sagt Thomas. „Wir werfen eine Münze. Bei Zahl gehen wir schwimmen. Bei Kopf gehen wir ins Kino.“ „Fein“, sagt Sabine, „und wenn die Münze auf dem Rand stehen bleibt, machen wir Hausaufgaben!“

4. Schreibe die folgenden Witze in deinem Heft neu auf. Ergänze dabei die fehlenden Anführungszeichen.

Clever
Der Schüler vertraut dem Lehrer an: Meine Oma hat mir zehn Euro versprochen, wenn ich eine Eins nach Hause bringe. Daraufhin sagt der Lehrer: Dann strenge dich an, damit du die Eins auch schaffst!
Da überlegt der Schüler: Ich hätte da eine bessere Idee. Sie geben mir eine Eins und wir teilen die zehn Euro!

Wunder
Wenn dein Vater wüsste, wie faul du in der Schule bist, würde er bestimmt graue Haare bekommen, ärgert sich die Lehrerin über den kleinen Faulpelz.
Da würde sich mein Vater sicher freuen. Er hat nämlich eine Glatze, erwidert der Schüler grinsend.

Ausgetrickst
Herr Lehrer! Kann man für etwas bestraft werden, was man nicht gemacht hat?, fragt der Schüler listig. Natürlich nicht!, antwortet der Lehrer voller Überzeugung. Das ist gut, strahlt der Schüler. Ich habe meine Hausaufgaben nicht gemacht.

5. In der folgenden Geschichte sind alle Anführungszeichen und alle Kommas vor oder nach den Redebegleitsätzen weggelassen. Setze sie ein.

Gina Ruck-Pauquèt
Mit dem Kopf durch die Wand

Ich geh zum Sportplatz sagt Nelly.
Nein sagt die Mutter.
Warum nicht? fragt Nelly.
Darum nicht sagt die Mutter weil wir jetzt in die Stadt fahren und weil du mitfährst.
Nein sagt Nelly. Ich mag nicht.
Sei vernünftig sagt die Mutter.

Ich will aber lieber auf den Sportplatz sagt Nelly. Die anderen sind auch alle da.
Nun hör auf! sagt die Mutter. Sei still und zieh dich an!
Ich hab versprochen, dass ich komme sagt Nelly. Ganz fest.
Du hättest mich vorher fragen sollen sagt die Mutter. Mach jetzt!
Ich muss aber unbedingt hin sagt Nelly.
Nein! sagt die Mutter.
Doch! ruft Nelly. Doch!
Du willst dich immer mit Gewalt durchsetzen sagt die Mutter. Am liebsten mit dem Kopf durch die Wand. So geht's aber nicht.
Warum nicht? fragt Nelly.
Die Mutter nimmt die Mäntel vom Haken.
Hier sagt sie. Zieh dich an!
Nelly tritt einen Schritt zurück. Sie schiebt den Kopf vor und rennt los, auf die Wand zu, mit dem Kopf durch die Wand und ist fort. Die Mutter starrt das Loch an.
So ein Kind! sagt sie und schüttelt den Kopf. Dann denkt sie, dass sie Gips mitbringen muss, um die Wand zu reparieren.

6. Verfahre ebenso bei der Fortsetzung der Geschichte von der Rathausglocke der Schildbürger.

Aber der Feind ließ uns warten und warten. So scharf wir auch in der Folgezeit nach ihm Ausschau hielten: Er kam nicht. Ich glaube, er machte um Schilda herum einen großen Bogen.
Was ihn zu dieser Vorsicht bewogen hat, weiß ich nicht. Es erscheint mir jedoch nicht ausgeschlossen, dass er von unserer außergewöhnlichen Klugheit erfahren hat und sich davor in Acht nahm.
Wie dem auch sei – als die Kriegsgefahr glücklich vorüber war, dankten wir Gott und begannen sogleich, das vergrabene Geld und den Schmuck und die Spielsachen wieder auszuscharren.
Nun brauchten wir auch die Glocke nicht länger versteckt zu halten. Wir machten das Boot flott und ruderten abermals auf den See hinaus. Schon nach kurzer Zeit aber rief mein Herr Schwiegervater: Genug! Zieht die Ruder ein! Das ist die Stelle, an der wir die Glocke versenkt haben.
Was denn? entgegnete zweifelnd mein Oheim Sauerbrot. Hier schon? So nahe am Ufer? Wir anderen zweifelten auch; aber Samuel Hechelmann wies auf die Kerbe im Bootsrand. Seht ihr sie? fragte er sie. Hier ist das Zeichen, und folglich muss hier auch die Glocke liegen!
Dagegen ließ sich nichts sagen. Wir tasteten also mit Stangen den Grund ab. Zu unserem Leidwesen stellte sich aber heraus, dass die Suche an dieser Stelle umsonst war. Wir wirbelten nur mit den Stangen den Schlamm auf; von unserer Rathausglocke jedoch fehlte jede Spur.
Das ist sonderbar meinte Herr Samuel. Sollte die Kerbe am Ende verrutscht sein?
Vielleicht sprach mein Schwager Kalbfell vielleicht aber hat auch die Strömung die Glocke erfasst und sie abgetrieben.
Leicht möglich sagte der Schmied; und mein Pate, der Schreiner Quast, fragte kleinlaut: Was nun, liebe Freunde? Was nun?
Da war guter Rat teuer.
Wir suchten verzweifelt den ganzen See ab, sechs Tage lang hintereinander. Am siebenten gaben wir's auf, denn wir sahen nun ein, dass es sinnlos war.
Gegen das Schicksal grollte mein Schwiegervater hilft eben, wie man sieht, auch die äußerste Vorsicht und Klugheit nichts ...
Und dabei strich er nachdenklich über die Kerbe am Bootsrand.

Den treffenden Ausdruck finden

Um eine Erzählung anschaulich und lebendig zu gestalten, ist es auch wichtig, treffende Ausdrücke zu finden.

Eine Schülerin hat über ein unangenehmes Reiseerlebnis geschrieben:

Am Morgen unserer Abreise in den Skiurlaub war meine Vorfreude sehr groß. Als wir abfuhren, war es noch sehr kalt und die Fahrbahn war sehr glatt. An einer Kreuzung konnte ein Wagen nicht mehr bremsen und rutschte mit großer Geschwindigkeit auf unser Auto zu. Beim Anblick des Wagens wurde mein Vater sehr blass, aber sehr schnell erkannte er die Situation und wich in letzter Sekunde aus. So konnten wir unsere Urlaubsfahrt fortsetzen.

1. Schreibe den Text noch einmal in deinem Heft neu auf. Setze dabei für die unterstrichenen Ausdrücke Adjektivzusammensetzungen ein, die einen Vergleich ausdrücken. Der Wortspeicher hilft dir.

Spiegel · glatt · blass · schnell · Riese · kalt · groß · Eis · Leiche · Blitz

2. Was man alles machen kann, ohne „machen“ zu sagen: Ersetze in den folgenden Ausdrücken das Verb „machen“:

eine Radtour machen – ______________________

eine Dose aufmachen – ______________________

eine Tür zumachen – ______________________

ein Kalenderblatt abmachen – ______________________

ein Loch in den Sand machen – ______________________

eine Jacke zumachen – ______________________

eine Schleife machen – ______________________

ganz schnell machen – ______________________

ganz langsam machen – ______________________

3. Stelle die folgenden Verben und Adjektive zu anschaulichen Wendungen zusammen und schreibe sie auf:

den Kopf schütteln	entsetzt
nachdenken	herzhaft
lachen	enttäuscht
näher kommen	trotzig
weggehen	jubelnd
sich umdrehen	lauthals
schweigen	zweifelnd
niedersinken	erschöpft
in die Luft springen	angestrengt
aufschreien	vorsichtig
in einen Apfel beißen	überrascht

4. Hier sind drei Wortfelder durcheinandergeraten. Ordne sie:

schreien, rufen, flüstern, schleichen, rennen, laufen, kriechen, blinzeln, spähen, gucken, antworten, entgegnen, hüpfen, stottern, brüllen, schielen, schlendern, bummeln, erblicken, schwatzen, plaudern, tratschen, eilen, sausen, brausen, humpeln

5. Schreibe auf, welche drei Wörter durch diese Ausdrücke ersetzt werden können:

Wortarten

Nomen, Verb und Adjektiv – Die Grundwortarten erkennen

Aus der Grundschule kennst du bereits die drei Grundwortarten:
Nomen/Substantive (deutsch: Namenwörter, Hauptwörter): Haus, Liebe, Hund
Verben (dt. Tuwörter oder Zeitwörter): gehen, sagen, klettern
Adjektive (dt. Eigenschaftswörter): bunt, schön, dunkel

1. Sortiere die folgende Wörtersammlung nach den drei Grundwortarten und schreibe die Wörter in die entsprechenden Spalten.

Zirkus Elefant Pferd turnte klatschte schaukelte rannte riesig Kuppel tanzt sprang kleine lief hoch schaute schönen Trapezkünstlerin Sitzplatz Zuschauer Direktor

Nomen	Verben	Adjektive

Das Nomen

Nomen bezeichnen zum Beispiel **Gegenstände, Lebewesen, Pflanzen** und **Gefühle**. Vor ein Nomen kann man meistens einen Begleiter (der, die, das ...) setzen.
Auch Namen gehören zu den Nomen.
Ein anderes Wort für Nomen ist Substantiv.

Nomen werden immer großgeschrieben.

1. Unterstreiche in dem folgenden Text alle Nomen.

JOGGER BEGEGNET LÖWEN

IN EINER ZEITUNG WURDE GESTERN VON EINEM JOGGER BERICHTET, DEM IM WALD EIN AUSGEWACHSENER LÖWE BEGEGNET IST. DER MANN UND DAS RAUBTIER FLÜCHTETEN BLITZSCHNELL IN ENTGEGENGESETZTER RICHTUNG.
BIS AN DIE ZÄHNE BEWAFFNETE POLIZISTEN, EIN HUNDEFÜHRER DER POLIZEI, 25 FORST-BEAMTE, JÄGER UND FEUERWEHRLEUTE, UNTERSTÜTZT VON EINEM HUBSCHRAUBER, SUCHTEN BIS ZUM SPÄTEN ABEND VERGEBLICH NACH DEM TIER.
ES WURDE NICHT BEKANNT, OB DER LÖWE NUR IN DER VORSTELLUNG ODER IM TRAUM DES JOGGERS EXISTIERTE. VIELLEICHT HATTE ER DOCH NUR EINE KUH, EIN PFERD ODER EINEN HIRSCH GESEHEN.

2. Schreibe die Nomen mit ihrem bestimmten Artikel heraus.

der Jogger, ______________________________

3. Nomen haben in einem Text oft auch andere Begleiter als den Artikel.
Verbinde fünf Nomen mit einem passenden Begleiter aus der Liste und bilde jeweils einen kleinen Satz. Du kannst auch zwei Beispiele in einem Satz unterbringen.

Nomen: Schülerin, Mensch, Bücher, Lehrer, Klassenraum, Schrank, Auto, Leute, Menschen, Geld
Begleiter: mein, meine / der, die, das / unser, unsere / mancher, manches, manche / viel, viele / kein, keine / groß, große, großes

Beispiel: *Manche Leute haben viel Geld.*

Nomen haben einen Numerus

Die meisten **Nomen** können im **Singular** (dt. Einzahl) oder im **Plural** (dt. Mehrzahl) erscheinen: Der Schulhof – die Schulhöfe

4. Unterstreiche im folgenden Text alle Nomen und schreibe in Klammern, ob sie im Singular oder im Plural stehen. Benutze dafür die Abkürzungen Sg. und Pl.

Was heißt „Omnibus“ auf Deutsch?

Es bedeutet *für alle*. Omnibusse ( ) sind öffentliche Verkehrsmittel ( ), die keinem Fahrgast ( ) mit einem gültigen Ticket ( ) die Mitfahrt ( ) verweigern dürfen. Aus „Omnibus“ ( ) und „Automobil“ ( ) entstand das Wort ( ) „Autobus“ ( ). Die allerersten Busse ( ) wurden von Pferden ( ) gezogen. In Paris ( ) gab es den ersten öffentlichen Linienverkehr ( ) mit achtsitzigen Kutschen ( ) im Jahr ( ) 1662.

5. Nicht von jedem Nomen kann man einen Plural bilden. Streiche die Wörter durch, von denen man keinen Plural bilden kann. Schlage im Zweifelsfall im Wörterbuch nach.

Sand, Mädchen, Zucker, Buch, Kind, Fass, Bleistift, Freund, Salz, Frau, Sandkorn, Liebe, Regen, Schnee, Essig, Freundschaft, Friede, Pfeffer.

Nomen haben ein Genus

Jedes **Nomen** hat ein **grammatisches Geschlecht**, das **Genus**. Das Genus findest du heraus, wenn du den bestimmten Artikel vor das Nomen setzt. Man unterscheidet drei Formen:
Maskulinum (männlich): **der** Tisch
Femininum (weiblich): **die** Klasse
Neutrum (sächlich): **das** Haus

6. Setze vor die folgenden Nomen jeweils den passenden Artikel und trage sie dann mit Artikel in die Tabelle auf S. 27 ein.

______ Freundin	______ Tier	______ Löwe	______ Kirsche
______ Eichhörnchen	______ Geburt	______ Bedeutung	______ Blatt
______ Haselnuss	______ Versuch	______ Boot	______ Blüte
______ Loch	______ Boden	______ Fähigkeit	______ Album
______ Schale	______ Platz	______ Delfin	______ Stempel

Maskulinum	Femininum	Neutrum

Nomen haben einen Kasus – die Deklination

Im Satzzusammenhang kann ein **Nomen** in **vier verschiedenen Kasus** (deutsch: Fälle) erscheinen, die man erfragen kann. Bildet man zu einem Nomen die vier Fälle, so nennt man diesen Vorgang **Deklination** (Verb: deklinieren).

Kasus (grammatischer Fall)	Kasusfrage
1. Fall: Nominativ	Wer oder was?
2. Fall: Genitiv	Wessen?
3. Fall: Dativ	Wem?
4. Fall: Akkusativ	Wen oder was?

7. In den folgenden Tabellen sind zu drei Nomen und ihren Artikeln bereits einige Kasus eingetragen. Es fehlen jedoch auch einige Ausdrücke. Trage sie in die Tabelle ein. Stelle vorher die Kasusfrage.

Kasus	Singular	Plural
Nominativ	*das Mädchen*	*die Mädchen*
Genitiv	*des Mädchens*	
Dativ		
Akkusativ		

Kasus	Singular	Plural
Nominativ	______	______
Genitiv	______	der Meister
Dativ	dem Meister	______
Akkusativ	______	______
Nominativ	______	die Ameisen
Genitiv	______	______
Dativ	______	______
Akkusativ	die Ameise	______

8. Setze in dem folgenden Text die Nomen und ihre Begleiter im richtigen Kasus ein.

Kluge Kühe

(Ein Urlauber) ______ verbringt (sein Urlaub) ______ auf (der Bauernhof) ______. Interessiert sieht er zu, wie abends (die Kuhherde) ______ von (die Weide) ______ kommt und in (der Stall) ______ geht. „Das ist ja fabelhaft“, begeistert er sich, „dass (die Kühe) ______ immer sofort (ihr eigener Platz) ______ finden.“ Da zuckt (der Bauer) ______ mit (die Achseln) ______ und meint: „Was ist denn daran so fabelhaft? Über (jeder Platz) ______ steht doch (der Name) ______ (die Kuh) ______.“

9. In dem folgenden Text sind die Nomen durch Zahlen ersetzt. Die entsprechenden Nomen findest du in richtiger Reihenfolge darunter. Schreibe den Text auf und setze dabei die Nomen ein. Achte dabei auf den richtigen Fall. Du musst auch entscheiden, ob du den bestimmten oder unbestimmten Artikel einfügen musst. Bestimme anschließend wie in dem Beispiel, in welchem Fall du die Nomen eingesetzt hast.

Hilfsbereit

1 und 2 unternehmen 3. 4 blendet 5 sehr. Daraufhin kramt 6 7 hervor. Leider hat 8 9 vergessen. Daraufhin fragt 10, das sich um 11 12 sorgt: „Soll ich dir mal meine Sonnenbrille leihen?“
(Maus, Elefant, Wanderung, Sonne, Tiere, Maus, Sonnenbrille, Elefant, Sonnenbrille, Mäuschen, Wohl, Freundes)

Beispiel: 1: eine Maus – Nominativ

Das Verb

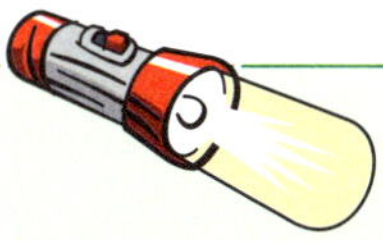

Die deutsche Bezeichnung für die Wortart **Verb** ist Tuwort, Tätigkeitswort oder Zeitwort. Mit **Verben** kann man **Tätigkeiten, Vorgänge** oder **Zustände** wiedergeben.
laufen, schneien, liegen

1. In dem folgenden Witz fehlen die Verben, sie stehen in der richtigen Form unter dem Text. Setze sie ein.

Munition

Frau Klein ______________ eine Drogerie und ______________ Mottenkugeln. Tags darauf ______________ sie wieder in den Laden und ______________ noch eine Packung. Als sie am darauf folgenden Tag wieder Mottenkugeln ______________, ______________ sich der Verkäufer und ______________: „Was ______________ Sie mit den vielen Mottenkugeln?“
Da ______________ Frau Klein kleinlaut: „Es ______________ gar nicht so leicht, wie man ______________. Ich ______________ einfach die Motten mit den Kugeln nicht.“

(kauft, fragt, betritt, ist, verlangt, verlangt, denkt, machen, wundert, kommt, antwortet, treffe)

Der Infinitiv (Grundform) und die Personalformen des Verbs

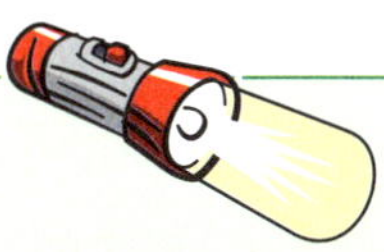

Zu jedem **Verb** gibt es eine **Grundform**, den **Infinitiv**. Der Infinitiv hat fast immer die Endung -en. An der **Personalform** des **Verbs** erkennst du, welche Personen etwas tun oder welche Gegenstände gemeint sind. Außerdem erkennst du, ob es eine Person/ein Gegenstand ist (Singular) oder ob es mehrere sind (Plural).
ich geh**e**, **wir** geh**en**

2. Ergänze die folgende Tabelle und zeichne die verschiedenen Endungen mit einem farbigem Stift nach.

1. Person Singular	ich schlafe	
2. Person Singular		du spielst
3. Person Singular		
1. Person Plural		
2. Person Plural		ihr spielt
3. Person Plural	sie schlafen	

3. Schreibe auf, wie die Grundform (der Infinitiv) der beiden Verben lautet.

4. Die Personalformen des Verbs „sein“ werden auf besondere Weise gebildet. Ergänze die folgende Tabelle um die fehlenden Formen.

	Singular	**Plural**
1. Person	ich	wir
2. Person	du bist	ihr seid
3. Person	er, sie oder es	sie

Das Verb und seine Zeitformen

Mit den **Tempusformen des Verbs** kann man Aussagen zur **Vergangenheit (Präteritum)**, **Gegenwart (Präsens)** oder **Zukunft (Futur)** machen.

5. Bestimme in dem folgenden Rätseltext die Tempusform der unterstrichenen Verben. Schreibe jeweils die Abkürzung darüber: Präsens (Präs.), Präteritum (Prät.), Futur (Fut.)

Von welcher Stadt ist die Rede?

In der gesuchten Stadt herrschte eine schreckliche Rattenplage. Die Nager drangen in die Keller und Vorratsräume der Häuser ein und fraßen alles auf. Ein seltsam gekleideter Mann gab sich als Rattenfänger aus und sprach vor dem Rat der Stadt in folgender Weise: „Ich bin ein berühmter Rattenfänger und ich will eure Stadt von dem Ungeziefer befreien. Aber ich verlange dafür eine Belohnung. Ihr werdet sehen, dass ich mein Versprechen einhalten werde“.

Der Rattenfänger hielt tatsächlich sein Versprechen, der Rat der Stadt verweigerte ihm aber seinen Lohn. Daraufhin nahm der Rattenfänger fürchterliche Rache …

Wie diese Sage weitergeht und in welcher Stadt sie spielt, wisst ihr bestimmt.

6. Unterstreiche in den folgenden Märchenanfängen alle Verben. Sie stehen in der Tempusform Präsens. Trage sie in die Tabellen unten ein.
Übertrage danach alle Verben in die Tempusform Präteritum und trage sie ebenfalls in die Tabellen ein.
Kommt ein Verb mehrmals vor, brauchst du es nur einmal aufzuschreiben.

Schneewittchen

Es ist mitten im Winter und die Schneeflocken fallen wie Federn vom Himmel herab, da sitzt eine Königin an einem Fenster, das einen Rahmen von schwarzem Ebenholz hat, und näht und näht. Und wie sie so näht und nach dem Schnee aufblickt, sticht sie sich mit der Nadel in den Finger und es fallen drei Tropfen Blut in den Schnee.

Tempusform Präsens	Tempusform Präteritum
ist	war

Der Froschkönig

In den alten Zeiten, wo das Wünschen noch hilft, lebt ein König, dessen Töchter sind alle schön; aber die jüngste Tochter ist so schön, dass die Sonne selber sich verwundert, sooft sie ihr ins Gesicht scheint. Nahe bei dem Schloss des Königs liegt ein großer, dunkler Wald, und in dem Wald unter einer alten Linde ist ein Brunnen: Wenn nun der Tag recht heiß ist, so geht das Königskind hinaus in den Wald und setzt sich an den Rand des kühlen Brunnens, und wenn sie Langeweile hat, so nimmt sie eine goldene Kugel, wirft sie in die Höhe und fängt sie wieder; und das ist ihr liebstes Spielwerk. [...]

Tempusform Präsens	Tempusform Präteritum

© Oliver Zabel: Der Froschkönig, 2000

Starke und schwache Verben

Man unterscheidet – übrigens nicht nur in der deutschen Sprache, sondern auch z. B. in der englischen – zwei unterschiedliche Typen von Verben: „starke“ und „schwache“. Bei den **starken Verben** ändert sich bei der Bildung der unterschiedlichen Zeitformen der Vokal des Wortstammes:
ich s**i**nge – ich s**a**ng – ich habe ges**u**ngen
Bei **schwachen Verben** ändert sich der Stammvokal nicht. Das Präteritum – die Vergangenheitsform – wird durch die Nachsilben -te, -test, -ten und -tet gebildet:
ich stelle – ich stell**te** – du stell**test** – wir stell**ten** – ihr stell**tet**

7. Kreuze an, ob das Verb stark oder schwach gebildet wird. Bist du dir unsicher, dann bilde die Vergangenheitsform.

Verb	tragen	fließen	sagen	graben	legen	schießen	hoffen
Vergangenheitsform							
stark							
schwach							

8. In dem folgenden Text sind die starken Verben falsch gebildet. Streiche die falschen Bildungen durch und schreibe die richtige Form darüber.

Mein erster Ferientag

Zuerst bleibte ich lange im Bett liegen und schlafte mich richtig aus. Gegen 10 Uhr stehte ich auf, frühstückte, waschte mich und putzte mir die Zähne. Ich ziehte mich an und rufte dann meinen Freund Max an. Wir verabredeten uns zum Fußballspielen. Beim Spielen knickte ich mit einem Bein um und dehnte mir die Bänder am Knöchel. Ich humpelte nach Hause und meine Mutter fahrte mich zum Arzt. Der verbindete meinen Knöchel und gebte mir Krücken zum Laufen. „Schöner Ferienbeginn!“, denkte ich.

Der Imperativ – Die Befehlsform

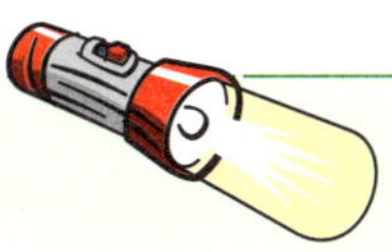

Mit der Verbform **Imperativ** kannst du jemanden zu etwas auffordern. Dabei kann es sich um eine **Bitte**, einen **Rat** oder einen **Befehl** handeln.
Du kannst die Aufforderung an eine einzelne Person (Imperativ Singular) oder an mehrere Personen (Imperativ Plural) richten.

Schlag im Wörterbuch nach! – Schlagt im Wörterbuch nach!

9. Bilde zu den Infinitiven in der Tabelle jeweils den Imperativ Singular und den Imperativ Plural.

Infinitiv	Imperativ Singular	Imperativ Plural
laufen	Lauf(e)!	
springen		
wachen		
kommen		
aufpassen		
bremsen		

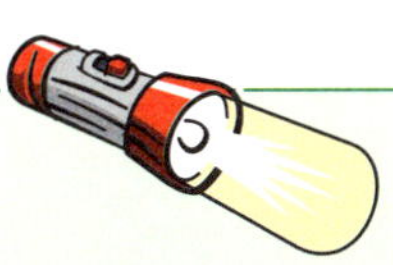

Bei einigen Verben ändert sich der Stammvokal, wenn du den Imperativ Singular bildest. Das ist bei den Verben der Fall, die auch in der zweiten und dritten Person Singular ihren Stammvokal ändern:

lesen – du **lie**st/sie **lie**st – **lie**s!

10. Trage die Imperativformen in die Tabelle ein.

Infinitiv	Imperativ Singular	Imperativ Plural
sprechen		
nehmen		
geben		
befehlen		
sehen		
lesen		
helfen		
messen		
treffen		

Das Adjektiv

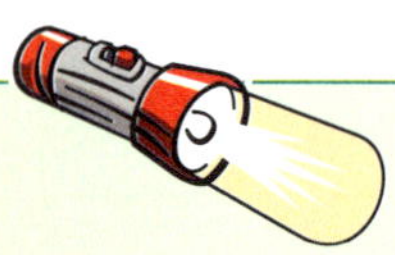

Die deutsche Bezeichnung für die Wortart **Adjektiv** ist **Wiewort** oder **Eigenschaftswort**.
Adjektive geben die **Eigenschaften von Dingen, Lebewesen und Pflanzen** an:
das **grüne** Auto
der **hohe** Berg
Sie können auch eine **Tätigkeit, einen Vorgang oder einen Zustand** näher kennzeichnen:
Er läuft **schnell**.

Adjektive schreibt man klein.

1. Unterstreiche in dem folgenden Märchenanfang alle Adjektive.

Schneeweißchen und Rosenrot

Eine arme Witwe, die lebte einsam in einem Hüttchen, und vor dem Hüttchen war ein Garten, darin standen zwei Rosenbäumchen, davon trug das eine weiße, das andere rote Rosen. Und sie hatte zwei Kinder, die glichen den beiden Rosenbäumchen, und das eine hieß Schneeweißchen, das andere Rosenrot. Sie waren aber so fromm und gut, so arbeitsam und unverdrossen, als je zwei Kinder auf der Welt gewesen sind: Schneeweißchen war nur stiller und sanfter als Rosenrot. [...]

2. Setze in den folgenden Text die fehlenden Adjektive ein. Sie stehen in ungeordneter Reihenfolge unter dem Text.

Welpen

Die trächtige Hündin ist schon __________. Sie verweigert die Nahrung, schnüffelt in allen Ecken herum und versucht ein „Nest" zusammenzukratzen. Bald werden die __________ Hunde zur Welt kommen. In den __________ Morgenstunden wird der erste Welpe „geworfen". Er zappelt noch in der Fruchtblase. Die Hündin reißt die Fruchtblase auf und zerbeißt dann die Nabelschnur. Mit __________, __________ Haaren liegt das Junge nun frei und wird von der Hündin __________ geleckt. Junge Welpen sind recht __________: Ihre Augen sind geschlossen; der viel zu __________ Kopf sinkt immer wieder zu Boden; sie können weder stehen noch gehen, sondern nur __________ kriechen. Ihre Entwicklung ist also noch nicht abgeschlossen. Man bezeichnet sie deshalb als Nesthocker.

(nassen, jungen, frühen, verklebten, unbeholfen, trocken, hilflos, große, unruhig)

Viele Adjektive kann man steigern. Man unterscheidet dabei die **Grundstufe** (lat. Positiv), die **Vergleichsstufe** (lat. Komparativ) und die **Höchststufe** (lat. Superlativ):
hoch – höher – am höchsten

3. Unterstreiche in den folgenden Sätzen jeweils in unterschiedlicher Farbe die drei Steigerungsstufen der Adjektive.

- Claudias Haar ist lang, Maikes Haare sind länger, aber Carinas Haare sind am längsten.
- Marcel ist stark, Julian ist stärker, Arne ist am stärksten.
- Britta läuft sehr schnell, Malin läuft noch viel schneller, doch am schnellsten von allen läuft Anika.
- Philipp kann schon gut kochen, Maxi kann besser kochen, am besten kocht Aljoscha.

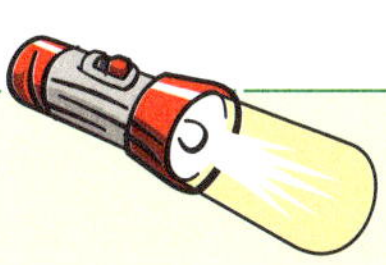

Manche Adjektive kann man nicht steigern, weil sie schon eine absolute Kennzeichnung geben.
superdünn

4. Streiche in der folgenden Auflistung alle Adjektive durch, die man nicht sinnvoll steigern kann.

klein, tot, rechteckig, rund, schön, sonderbar, freundlich, haltbar, bunt, leer, uralt

5. Setze in den folgenden Text über das Dromedar die fehlenden Adjektive ein. Du findest sie – in ungeordneter Reihenfolge – unter dem Text. Bei einigen musst du ihre Form noch verändern, damit sie zu ihrem Bezugsnomen passen.

Das Dromedar

Dromedare sind in der Wüste zu ______________ Leistungen fähig. Im Jahr 1954 legte zum Beispiel eine Karawane in 22 Tagen 944 km zurück, ohne zwischendurch eine Wasserstelle aufzusuchen.

Wüsten sind Landschaften mit ______________ Lebensbedingungen. Hier wechseln Hitze und Trockenheit mit ______________ Kälte ab. Pflanzen gedeihen nur ______________. Sand, Staub, ______________ Boden und ______________ Sandstürme erschweren das Leben. Wie können Dromedare in dieser ______________ Landschaft solche ______________ Leistungen vollbringen?

Dromedare sind ______________ an das Leben in der Wüste angepasst. Tagsüber hält das ______________, ______________ Fell die Sonnenstrahlen vom Körper ab. Nachts dagegen hält es die Körperwärme zurück. Die Wasserverdunstung des Körpers ist herabgesetzt. [...] Mit seinen ______________ Sinnen wittert das Dromedar Wasserstellen schon kilometerweit. Kommt es schließlich an eine Wasserstelle, kann es über 100 Liter auf einmal saufen.

(erstaunlich, scharf, steinig, spärlich, heiß, lebensfeindlich, hervorragend, nächtlich, dicht, zottig, außergewöhnlich, ausdauernd)

Das Pronomen

Die deutsche Bezeichnung für **Pronomen** ist **Fürwort**. Man unterscheidet unter anderem **Personalpronomen** und **Possessivpronomen**.
Personalpronomen (persönliche Fürwörter) stehen für ein Nomen, sie können ein Nomen also ersetzen:
der Mann – **er**
die Frau – **sie**
das Mädchen – **es**

Possessivpronomen (besitzanzeigende Fürwörter) zeigen den Besitz oder die Zugehörigkeit an. Sie stehen fast immer vor dem Nomen, auf das sie sich beziehen:
mein Haus, deine Klasse, euer Lehrer

Pronomen werden wie die Nomen dekliniert.

1. Ersetze in den folgenden Sätzen das unterstrichene Nomen jeweils durch ein passendes Personalpronomen. Unterstreiche anschließend die Personalpronomen.

Beispiel: Anke gibt Mareike ein Buch.
Sie gibt ihr ein Buch.

Die Klasse besucht den Lehrer.

Das Auto ist ins Schleudern geraten.

Die Häuser versperren den Besuchern den Blick.

Der Briefträger ist von dem kleinen Pudel gebissen worden.

2. Beim Gebrauch der Personalpronomen musst du aufpassen, damit es nicht zu Missverständnissen kommt. Verbessere die folgenden Sätze so, dass kein Missverständnis aufkommen kann. Du darfst dazu auch andere Wörter benutzen, als in den Sätzen vorkommen.

- Mein Vater und meine Schwester beobachteten die Seehunde. Sie wurden mit Heringen gefüttert.
- Die Magd füttert die Gans. Sie schnattert laut vor Vergnügen.
- Mein Vater verfolgte die Fütterung des Adlers. Er frisst gerne Mäuse und Küken.

3. Unterstreiche in dem folgenden Auszug aus dem Vorwort von Erich Kästner zu seinem Buch mit den Lügengeschichten des Barons von Münchhausen alle Personalpronomen.

Erich Kästner:
Münchhausen – Aus dem Vorwort

Und was an den Geschichten ist denn nun so erstaunlich? Sie stecken voll der tollsten Lügen!
Mitten in Berichten über Reisen, die er wirklich gemacht, und Kriege, an denen er wirklich teilgenommen hat, tischt Münchhausen uns Lügen auf, dass sich die Balken biegen! Durch Lügen kann man also berühmt werden? Freilich! Aber nur, wenn man so lustig, so fantastisch, so treuherzig und so verschmitzt zu lügen versteht wie Münchhausen, nicht etwa, um die Leser zu beschwindeln, sondern um sie, wie ein zwinkernder Märchenerzähler, mit ihrem vollen Einverständnis lächelnd zu unterhalten.
Dass ihr mir also nicht nach Hause kommt und sagt: „Denk dir, Mama, ich hab' eben mit einem Auto gesprochen, und das Auto meinte, es gäbe morgen Regen!" Durch solche Lügen wird man nicht berühmt. So zu lügen wie Münchhausen ist eine Kunst.

4. Setze in den folgenden Text die fehlenden Possessivpronomen ein.

Aufregung in der Klasse 5a. Anne vermisst ____________ Füller. „Hat jemand vielleicht ____________ Füller gesehen?", ruft sie laut in die Klasse. „Kannst du nicht besser auf ____________ Sachen aufpassen?", knurrt Markus, ____________ Tischnachbar. „Kannst du nicht mal nachsehen, ob du ____________ Füller in ____________ Etui gesteckt hast?" Widerwillig kramt Markus in ____________ Rucksack und holt ____________ Etui hervor. „Hier, sieh selbst. Da ist nur ____________ Füller." „Ich glaube, ich weiß, wo Anne ____________ Füller liegen gelassen hat!", ruft Dennis. „Wir haben doch in der Pausenhalle den Probenplan für ____________ Theaterstück zusammengestellt. Bestimmt hast du den Füller dort liegen gelassen." Schnell stürzt Anne aus dem Klassenzimmer und kommt kurze Zeit später freudestrahlend mit ____________ Füller in der Hand zurück.

Die Präposition

Präpositionen (deutsch: **Verhältniswörter**) geben an, in welchem **Verhältnis Personen oder Gegenstände zueinander stehen**. Dies ist oft ein **räumliches Verhältnis** (auf, neben, unter, über), ein **zeitliches Verhältnis** (bis, nach, vor) oder ein **ursächliches** Verhältnis (wegen, infolge, aufgrund).

1. In dem folgenden Text fehlen Präpositionen. Setze passende in die Lücken ein.

Lauter bekannte Märchengestalten?

______ einem riesigen Wald lebten einmal ______ einer alten Holzhütte sieben Zwerge. Diese machten sich eines Tages auf, um ihre Freundinnen Aschenputtel und Dornröschen ______ den Sieben Bergen zu besuchen.

Unterwegs trafen sie ______ einem Brunnen einen Frosch. Dieser erzählte, er sei einmal ______ langer Zeit ein Prinz gewesen und ______ einer bösen Fee ______ einen Frosch verwandelt worden. Er warte hier ______ die Königstochter, die ihn ______ seiner Lage erlösen solle. Der Frosch ließ sich überreden, ______ ihnen zu kommen.

Unterwegs traf die seltsame Gruppe ein Schneiderlein, das gerade ______ einem spannenden Kampf zwei Riesen besiegt hatte und einen Gürtel trug ______ der Aufschrift: „Ach wie gut, dass niemand weiß, dass ich Rumpelstilzchen heiß.“ Das Schneiderlein trug außerdem ______ der großen Entfernung, die es zurücklegen wollte, Siebenmeilenstiefel ...

Einige **Präpositionen** können mit dem **Dativ** oder mit dem **Akkusativ** stehen: an, auf, hinter, neben, in, über, unter, vor, zwischen.
Auf die **Frage „Wo?“** folgt die **Präposition mit dem Dativ**,
auf die **Frage „Wohin“** folgt die **Präposition mit dem Akkusativ**.
Ich sitze auf **dem** Stuhl. Ich setze mich auf **den** Stuhl.

2. Setze in den folgenden Sätzen den Artikel im richtigen Kasus ein. Notiere zur Sicherheit das entsprechende Fragewort und den Kasus.

Lisa sitzt neben ______ Klavier. Fragewort: ______? Kasus: ______

Lisa setzt sich neben ______ Klavier. Fragewort: ______? Kasus: ______

Die Katze versteckt sich hinter ______ Busch. Fragewort: ______? Kasus: ______

Die Katze läuft hinter ______ Busch. Fragewort: ______? Kasus: ______

Timo geht an ______ Fenster. Fragewort: ______? Kasus: ______

Timo steht ______ Fenster. Fragewort: ______? Kasus: ______

Satzarten und Sprechabsicht

Wenn du etwas sagst, willst du etwas Bestimmtes erreichen. Du hast eine bestimmte **Sprechabsicht**.
So kannst du zum Beispiel **etwas mitteilen, zu etwas auffordern** oder **etwas fragen**.
Dementsprechend unterscheidet man drei **Satzarten**:

- **den Aussagesatz**, der durch einen Punkt abgeschlossen wird,
- **den Aufforderungssatz**, der durch ein Ausrufezeichen abgeschlossen wird,
- **den Fragesatz**, der durch ein Fragezeichen abgeschlossen wird.

Bei den Fragesätzen unterscheidet man noch

a. **Entscheidungsfrage** – Die Personalform des Verbs steht am Anfang. Die Antwort kann lauten: Ja. Nein. Vielleicht. Ich weiß nicht.

b. **Ergänzungsfrage** – Der Fragesatz beginnt mit einem W-Fragewort.

1. Setze in den folgenden Sätzen die entsprechenden Satzzeichen und benenne die Satzarten, indem du die richtige Kennzeichnung darunterschreibst.

Auf dem Sportplatz

- Wann endet die erste Halbzeit

____

- Spiel den Ball doch endlich ab

____

- Bernd läuft heute wie eine lahme Ente

____

- Joggst du nach dem Spiel noch eine Runde mit mir durch den Wald

____

- Dribbel doch nicht so viel

____

- Der Schiri hat schon wieder nichts mitbekommen

____

- Bring mir bitte eine Bratwurst mit

____

- Gleich beginnt die zweite Halbzeit

____

- Hast du den Traumpass gesehen

____

- Pfeif doch endlich ab, Schiri

____

- Bist du beim nächsten Spiel auch wieder hier

____

Satzart und Sprechabsicht stimmen nicht immer überein. So kannst du zum Beispiel mit einem **Fragesatz** oder mit einem **Aussagesatz** jemanden zu etwas **auffordern**. In diesem Fall spricht man auch von **indirekten Aufforderungen**.
Werden diese Sätze mit Nachdruck gesprochen, steht ein Ausrufezeichen dahinter, ansonsten wird das zur Satzart passende Schlusszeichen gesetzt.

Du musst dich jetzt aber beeilen! = indirekte Aufforderung
Satzart: Aussagesatz
Sprechabsicht: Aufforderung
Beeil dich! = direkte Aufforderung

2. Setze in den folgenden Sätzen die Satzzeichen und benenne die Satzarten.

3. Schreibe die indirekten und versteckten Aufforderungen zu direkten Aufforderungen um.

Beispiel: – (In der Schule:)
Könnt ihr bitte eure Hausaufgaben herausnehmen?
Satzart: Fragesatz (Entscheidungsfrage)
Direkte Aufforderung: Nehmt eure Hausaufgaben hervor!

– (Zu Hause am Abend:)
Dein Bett wartet auf dich

Satzart:

Direkte Aufforderung:

– (Am Telefon:)
Du kommst sofort nach Hause

Satzart:

Direkte Aufforderung:

– (Am Mittagstisch:)
Musst du immer so kleckern

Satzart:

Direkte Aufforderung:

– (In der Turnhalle:)
Du kannst beim Bocksprung ruhig etwas mehr Anlauf nehmen

Satzart:

Direkte Aufforderung:

– (Zu Hause, kurz vor dem Kinobesuch:)
Wie lange soll ich denn noch auf dich warten

Satzart:

Direkte Aufforderung:

Satzproben und Satzglieder

Die Umstellprobe

Die **Satzglieder** sind die **Bausteine des Satzes**. Ein Satzglied kann aus einem Wort bestehen, es kann aber auch aus mehreren Wörtern bestehen. Du kannst die Satzglieder mithilfe der **Umstellprobe** herausbekommen. Was bei der Umstellung zusammenbleibt, ist ein Satzglied.

(Anke und Micha) (treffen) (am Nachmittag) (vor dem Kino) (ihren Deutschlehrer).
(Ihren Deutschlehrer) (treffen) (Anke und Micha) (am Nachmittag) (vor dem Kino).
(Vor dem Kino) (treffen) (am Nachmittag) (Anke und Micha) (ihren Deutschlehrer).

1. Schreibe die Sätze in dein Heft. Ermittle die Satzglieder mithilfe der Umstellprobe und klammere sie in allen Sätzen ein.

Versuche jeden Satz möglichst oft umzustellen.

- An einem schönen Sonntagnachmittag fahren Klaus und Lisa in den nahe gelegenen Tierpark.
- Dort füttern sie die Ziegen und die kleinen Schafe.
- Plötzlich beißt ein Ziegenbock Lisa in den kleinen Finger.
- Am Abend treffen die beiden ihre Freunde vor dem Kino.

Die Ersatzprobe

Mit der **Ersatzprobe** kannst du beweisen, dass Satzglieder aus einem Wort oder aus mehreren Wörtern bestehen können. Die Ersatzprobe kann dir außerdem bei der Kennzeichnung der Satzglieder helfen. Alle Teile, die als Ganzes ausgetauscht werden können, bilden nämlich ein Satzglied.

(Lisa und Willi) (besuchen) (ihre Großeltern) (am Nachmittag).
(Die Kinder) (besuchen) (Oma und Opa) (heute).
(Sie) (besuchen) (die alten Leute) (um 14.30 Uhr).

1. Klammere in den beiden folgenden Sätzen die Satzglieder ein.

- Lisa und Klaus kaufen eine Tüte Futter für die Ziegen und Schafe.
- Ein Affe stiehlt dem Wärter zwei Bananen.

2. Versuche einzelne Satzglieder mithilfe der Ersatzproben zu ersetzen.
Hier sind einige Möglichkeiten: sie, die Kinder, etwas, ihm, er, das Tier ...

3. Schreibe die neu entstandenen Sätze in dein Heft, klammere die Satzglieder ein und schreibe über die einzelnen Wörter die Bezeichnung für die jeweilige Wortart, soweit sie dir bekannt ist.

Das Subjekt

Das **Subjekt** ist das Satzglied, welches über den Täter, den Verursacher eines Geschehens, die handelnde Person oder den Gegenstand eines Satzes informiert.
Das Subjekt antwortet auf die Frage **„Wer oder was…?** Es steht immer im **Nominativ** (1. Fall).
Das Subjekt besteht mindestens aus einem Nomen oder Pronomen. Es kann auch aus mehreren Wörtern gebildet werden.

Der kleine Dackel schnüffelt an der Wursttüte.

Später versteckt **er** die Tüte in seinem Korb.

1. Schreibe die Sätze in dein Heft und klammere die Satzglieder ein. Die Umstellprobe oder die Ersatzprobe helfen dir dabei.

- Lisa und Klaus bauen einen Drachen.
- Anschließend trägt der Wind den Drachen bis zu den Wolken.
- Plötzlich reißt die Schnur.
- Auf einem Kartoffelacker findet Lisa schließlich den Windvogel.
- Das Gestänge ist leider zerbrochen.
- Traurig fahren die Kinder nach Hause.

2. Formuliere zu jedem der Sätze oben die Frage, mit der du herausfinden kannst, welches Satzglied das Subjekt bildet. Schreibe die jeweilige Frage und Antwort in dein Heft und unterstreiche anschließend das Subjekt in den Sätzen.

Beispiel: Wer oder was baut einen Drachen? Lisa und Klaus

3. Schreibe die folgenden Sätze in dein Heft. Klammere die Subjekte ein. Schreibe jeden Satz erneut auf und erweitere dabei die Subjekte durch zusätzliche Angaben. Mithilfe der Ersatzprobe kannst du auch ganz andere Formulierungen, die zum Inhalt passen, einsetzen.

Beispiel: (Klaus Müller) schoss im letzten Spiel zwei Eigentore.
(Der unglücklich spielende Klaus Müller) schoss im letzten Spiel zwei Eigentore.
(Der Libero des 1. FC Pech) schoss im letzten Spiel zwei Eigentore.

- Eine Katze sitzt hoch oben im Wipfel eines Baumes.
- Sie miaut so laut, dass Passanten aufmerksam werden.
- Sofort wird die Feuerwehr gerufen.
- Diese fährt die lange Drehleiter aus.
- Eine Feuerwehrfrau klettert hoch und rettet das verschreckte Tier.
- Die Katze gehört einem kleinen Jungen.
- Glücklich nimmt er sie in Empfang und trägt sie nach Hause.

4. Bei den folgenden beiden Witzen findest du in Klammern immer mehrere Möglichkeiten für die Subjekte. Streiche die unpassenden Ausdrücke durch.

Nachtragend

Tante Amalie ist eine begeisterte Hobbymalerin. Nun sitzt (das Löwenweibchen, die Tierpflegerin, sie) im Zoo und malt einen riesengroßen Elefanten. Stolz zeigt (das Mädchen, die Dame, die Pflegerin) ihrem Neffen Klaus das Kunstwerk und fragt: „Soll (der Junge, ich, die Tigerdame) es dem Elefanten auch einmal zeigen?“
(Der Elefant, der Neffe) antwortet: „Nein, lieber nicht. (Tiger, intelligente Jungen, Elefanten) sollen sehr nachtragend sein!“

An der Tankstelle

An der Tankstelle fährt (ein kleines, verbeultes Auto, ein Fahrrad, ein Straßenkreuzer) vor. „Bitte volltanken!“, ruft (der Schäferhund, der Fahrer, das kleine Kind) dem Tankwart zu. (Der, der Polizist, die Waschanlage) fragt belustigt: „Soll (der Fahrer, ich, der Staubsauger) es auch gleich etwas aufbügeln?“

5. Bestimmt kennst du selbst einen lustigen Witz. Schreibe ihn in gleicher Weise wie oben auf und lass ihn von deinem Banknachbarn oder deiner Banknachbarin enträtseln.

6. In dem folgenden Text „Der Fuchs und die Maus“ fehlen acht Subjekte. Sie stehen unter dem Text. Schreibe die jeweils richtigen Subjekte in die Lücken. Formuliere im Heft die passende Satzgliedfrage.

Beispiel: *Wer oder was sah an einem Weinstock reife Trauben? – Ein Fuchs*

Der Fuchs und die Maus

__________ sah an einem Weinstock reife Trauben und __________ hätte sie gern verzehrt; aber obwohl __________ ihm vor den Augen hingen, konnte __________ sie nicht erreichen. __________ hatte ihm zugesehen und sprach lächelnd: „Davon bekommst __________ nichts!“ __________ wollte sich aber vor der Maus nicht klein zeigen und meinte: „__________ sind mir viel zu sauer!“

eine Maus, er, die Trauben, du, die Früchte, er, der Fuchs, ein Fuchs

7. Unterstreiche in der Fabel „Die ziemlich intelligente Fliege“ alle Subjekte. Stelle als Hilfe zuvor die entsprechende Satzgliedfrage („Wer oder was ... ?“).

Die ziemlich intelligente Fliege

Eine große Spinne hatte in einem alten Haus ein schönes Netz gewoben, um Fliegen zu fangen. Jedesmal, wenn eine Fliege sich auf dem Netz niederließ und darin hängen blieb, verzehrte die Spinne sie schleunigst. Die anderen Fliegen sollten nämlich denken, das Netz sei ein sicherer und gemütlicher Platz. Eines Tages schwirrte eine ziemlich intelligente Fliege so lange um das Netz herum, ohne es zu berühren, dass schließlich die Spinne hervorkroch und sagte: „Du kannst ruhig kommen und dich ein bisschen bei mir ausruhen.“ Aber die Fliege ließ sich nicht übertölpeln. „Ich setze mich nur an Stellen, wo andere Fliegen sind“, antwortete sie, „und ich sehe bei dir keine anderen Fliegen.“

Damit flog sie weiter, bis sie an eine Stelle kam, wo sehr viele Fliegen saßen. Sie wollte sich gerade zu ihnen gesellen, als eine Biene ihr zurief: „Du musst weiterfliegen, alle diese Fliegen sitzen rettungslos im Leim fest!“

„Red keinen Unsinn“, sagte die Fliege. „Sie tanzen doch.“

Damit ließ sie sich nieder, und ihr Körper klebte im Nu auf dem Leim fest.

Das Prädikat

Das **Prädikat** gibt an, was das Subjekt **tut**, was mit ihm **geschieht** oder was es **ist**. Das Prädikat besteht immer aus einem Verb oder einer Verbgruppe.
Die Personalform des Verbs richtet sich in Numerus (Singular und Plural) und Person nach dem Subjekt.
Das Prädikat antwortet auf die Frage **„Was tut ... ?“ „Was geschieht ... ?“**

Die Fußballspieler **wechseln** die Trikots.
Der Ball **wird** ins Aus **gespielt**.
Anke **ist** eine gute Torhüterin.

1. Kennzeichne in den folgenden Beispielen die Prädikate durch eine Wellenlinie.

- Nina besucht am Nachmittag ihre Großmutter.
- Auf dem Weg dorthin wird sie von einem Hund gebissen.
- Der Hundebesitzer bringt sie schnell zum Arzt.
- Dort bekommt sie zunächst eine Spritze und anschließend einen Verband.
- Als Strafe erhält der Hund von seinem Besitzer eine Woche Wurstverbot.
- Das lässt Nina jedoch nicht zu.
- Die beiden, Nina und der Hund, freunden sich sogar an.

2. Drei Prädikate aus Übung 1 bestehen aus zwei Teilen, man spricht dabei von einer Prädikatsklammer. Verbinde die beiden Teile durch eine Linie:
Beispiel: Der Hund wird von Nina gestreichelt.

3. Bilde aus den ersten fünf Sätzen in Aufgabe 1 Fragesätze, schreibe sie in dein Heft und kennzeichne alle Prädikate durch eine Wellenlinie.

4. Forme folgende Schlagzeilen aus der Zeitung in vollständige Sätze um und kennzeichne wie in Aufgabe 1 und 2 die Prädikate und Prädikatsklammern.

- Polizist von Dackel gebissen
- Zusammenprall von zwei Autos
- Frühlingswetter bald in Sicht
- Fußgänger in Eisteich eingebrochen
- Dieb mit Regenschirm in die Flucht geschlagen
- Sieg für Borussia Dortmund in der ersten Runde des UEFA-Pokals
- Alle deutschen Tennisspieler eine Runde weiter
- Zuschauer von Golfball getroffen
- Schiedsrichter unter Polizeischutz in die Kabine begleitet

5. Kennzeichne ebenfalls die Prädikate und Prädikatsklammern in den Sätzen zu Aufgabe 1 (Das Subjekt, S. 43).

6. Bilde in der Fabel zu den folgenden Infinitiven die richtige Personalform und trage die Prädikate in die Lücken ein.
Der erzählende Teil soll im Präteritum stehen, die wörtliche Rede im Präsens.

überfallen, rauben, bewerfen, beschimpfen, sich wundern, stehen, sprechen, verwünschen, zuleide tun, fressen, vertilgen

7. Unterstreiche in der Fabel alle Subjekte und kennzeichne alle Prädikate durch eine Wellenlinie.

Fabel

Der Wolf _____ eine Herde und _____ ein Schaf. Der Hirt _____ ihn mit einem Stein und _____ ihn mit den heftigsten Worten. Darüber _____ _____ die Blumen, die zu seinen Füßen _____, und _____ zueinander: „Warum _____ er den Wolf, der uns nichts _____ _____, sondern nur die bösen Schafe _____, die uns _____?“

8. Im folgenden Gedicht ist einiges durcheinandergeraten. Unterstreiche zunächst die Subjekte und kennzeichne die Prädikate mit einer Wellenlinie. Schreibe das Gedicht anschließend mit den richtigen Ausdrücken in dein Heft.

Paul Maar
Land auf dem Sonntag

Im Scheinensonn
taubt eine Gurr.
Im Schattenhaus
katzt eine Schnurr.

Es hummelt ein Brumm
wie ein Wagenlast.
Sanft schweint ein Grunz
vor der Wirtschaftsgast.

Im Weiherdorf
frosche tief der Tauch.
Oben am Dachhaus
schlotet der Rauch.

Ein Pinkel, der hundet
auf Blumenmohn.
Der Schimpf vatert laut
im Zimmerwohn.

Ein Fahrersonntag
wagent den Wende.
Das dauert sehr lange,
drum gedichtet das Ende.

Die Objekte

Viele **Prädikate** erfordern im Satz als weiteres Satzglied eine oder mehrere **Ergänzungen**.
Diese Ergänzungen nennt man **Objekte**.

Man kann die Objekte durch Fragen ermitteln. Sehr häufig werden verwendet:

Objekt im 3. Fall – **Dativobjekt: Wem?**
Objekt im 4. Fall – **Akkusativobjekt: Wen oder was?**

1. Ergänze die folgenden Satzanfänge, indem du Objekte einsetzt. Schreibe die Kennzeichnungen für die Objekte jeweils dahinter (Dativobjekt = DO; Akkusativobjekt = AO).

- Pauline kauft ______________________________
- Anja schenkt ______________________________
- Silke vermisst seit gestern ______________________________
- Michael kennt ______________________________
- Maximilian isst gern ______________________________
- Katharina malt gerade ______________________________
- Aslan schreibt ______________________________
- Silke benutzt beim Fahrradfahren immer ______________________________
- Dackel Alfred bringt ______________________________

2. Schreibe die folgenden Sätze in dein Heft und klammere die Satzglieder ein. Bearbeite nach jedem Satz zusätzlich die Aufgaben 3 und 4. Lass zwischen den Sätzen genügend Platz.

a) Lisa besucht ihren kranken Freund Klaus.
b) Sie kauft ihm auf der Hinfahrt ein spannendes Buch.
c) Klaus' Mutter begrüßt Lisa an der Haustür.
d) Klaus öffnet sofort die Verpackung des Buches.
e) Es gefällt ihm.

3. Formuliere nach jedem Satz die Satzgliedfragen, mit denen du die Dativ- und Akkusativobjekte herausfinden kannst, und schreibe die Fragen und Antworten auf.

4. Schreibe unter jedes dir bekannte Satzglied die Rolle, die es im Satz spielt. Verwende dabei folgende Abkürzungen:
S = Subjekt
P = Prädikat
DO = Dativobjekt
AO = Akkusativobjekt

5. Ermittle mithilfe der Satzgliedfragen in dem Text „Fabel" (S. 47) alle Satzglieder in der Rolle eines Dativ- und Akkusativobjektes.
Schreibe die Satzgliedfragen, die Antworten und die genaue Kennzeichnung des jeweiligen Objekts in dein Heft.

Beispiel:

Wen oder was überfiel der Wolf?
eine Herde = Akkusativobjekt

6. Unterstreiche im folgenden Text alle Dativ- und alle Akkusativobjekte und schreibe die richtige Bezeichnung (DO und AO) darunter.

Großer Schnauftest

Jeder Mensch hat zwei Nasenlöcher. Bei Schnupfen ist das eine schon mal völlig zu, später vielleicht das andere. Aber ansonsten atmen wir die Luft gleichmäßig durch die beiden Nasenlöcher ein. Stimmt das wirklich? Dazu kannst du ganz leicht einen Versuch machen.

Halte zuerst das eine Nasenloch zu und atme mit dem anderen, dann machst du das Ganze umgekehrt. Atmet ihr mit beiden Nasenlöchern gleich leicht oder gibt es Unterschiede?

Wiederholt den Versuch nach zwei, vier, sechs und acht Stunden. Dabei wird euch vermutlich Folgendes auffallen: Immer strömt die Luft durch eines der beiden Nasenlöcher leichter. Das andere Nasenloch setzt durch innere Schwellung dem Luftholen mehr Widerstand entgegen.

Diese Schwellung wechselt aber alle paar Stunden: Dann kann man wieder das andere Nasenloch besser benutzen.

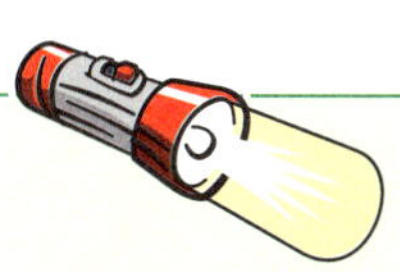

Manchmal wird ein **Objekt** durch eine **Präposition** eingeleitet, die ganz eng mit einem Verb verbunden ist. Man spricht dann von einem **präpositionalen Objekt**. Wenn du die Satzgliedfrage stellst, musst du die Präposition vor das Fragewort setzen.

Christine bedankt sich bei ihrer Großmutter für das Buch.
Bei wem bedankt sich Christine für das Buch?
bei ihrer Großmutter = präpositionales Dativobjekt

Für wen oder was bedankt sich Christine bei ihrer Großmutter?
für das Buch = präpositionales Akkusativobjekt

Verben, die eng mit einer Präposition verbunden sind und ein präpositionales Objekt erfordern, sind z. B.: achten auf, sorgen für, bestehen aus, sich aufregen über …

7. Ergänze die folgenden Sätze, indem du passende präpositionale Objekte einsetzt. Klammere die Objekte ein und schreibe jeweils darunter, ob es sich um ein präpositionales Dativ- oder Akkusativobjekt handelt.

- Katrin ärgert sich immer wieder über ______________________.
- Wir sollten endlich mit ______________________ aufhören.
- Eis besteht aus ______________________.
- Streitet euch bitte nicht um ______________________.
- Wir arbeiten gerade an ______________________.
- Ich muss immer noch an ______________________ denken.

8. Schreibe in ähnlicher Weise Sätze mit folgenden Ausdrücken auf: achten auf, abhängen von, berichten über, sich bemühen um, beginnen mit, sich aufregen über, sich erinnern an. Klammere auch hier die Objekte ein und schreibe die genaue Kennzeichnung darunter.

Rechtschreibung

Richtig zu schreiben kann man lernen

Die folgenden Tipps können dir bei der Rechtschreibung helfen, wenn du unsicher bist. Natürlich funktionieren nicht alle Tipps bei jedem Wort.

1. Höre genau zu und sprich einzelne Wörter deutlich aus.
2. Versuche, die Schreibweise zu erklären, indem du Wörter verlängerst oder Wortverwandte suchst.
3. Sieh genau hin und präge dir die Schreibweise schwieriger Wörter ein.
4. Arbeite im Zweifelsfall immer mit einem Wörterbuch.
5. Manchmal ist es bei der Rechtschreibung hilfreich, wenn du dich an das erinnerst, was du zur Grammatik weißt.

Tipp 1: Genau zuhören und deutlich sprechen

1. Bilde aus der folgenden Liste Wortpaare und trage sie in die Tabelle ein. Sprich die einzelnen Wörter zuvor deutlich aus. Welche betonten Vokale werden lang ausgesprochen, welche kurz?

der Kamm, offen, die Qualle, der Ofen, das Lamm, die Speere, der Sohn, beten, der Damm, er kam, die Qual, die Betten, die Dame, lahm, die Sperre, die Sonne

lang ausgesprochener Vokal	kurz ausgesprochener Vokal
er kam	der Kamm

2. Zeichne wie in Übung 1 für den folgenden Text eine Tabelle in dein Heft und trage die Wörter mit den markierten Lauten in die passenden Spalten ein. Doppellaute (au, äu, ei ...) werden immer lang ausgesprochen.

Fremdsprachenkenntnisse

Eine Katze verfolgt eine Mäusefamilie. Plötzlich dreht sich der Mäusevater um und bellt. Die Katze bleibt erschrocken stehen und rennt dann fort. „Seht ihr, Kinder“, sagt der Mäusevater stolz, „Fremdsprachen muss man können.“

TIPP 2: Die Schreibweise durch Verlängern und Ableiten erklären

1. Schreibe zu den folgenden Wörtern jeweils eine Verlängerung auf und trage die fehlenden Buchstaben ein.

der Wald – die Wälder	der Gan___ – die ______	der Schran___ – die ______
der Or___ – die ______	das Lan___ – die ______	der Ta___ – die ______
das Ba___ – die ______	das Ra___ – die ______	das Sie___ – die ______
der Zwer___ – die ______	der Ber___ – die ______	die Ban___ – die ______
der Spu___ – spu___en	das Ban___ – die ______	die Ja___d – ja___en

2. Wenn du dir nicht sicher bist, wie die Personalform eines Verbs geschrieben wird, hilft es dir manchmal, wenn du den Infinitiv bildest. Schreibe die fehlenden Ausdrücke in die Tabelle.

Infinitiv	3. Person Singular Präsens
	er, sie, es lobt
leben	
	er, sie, es liebt
lesen	
	er, sie, es hupt
graben	
	er, sie, es rast
hinken	

3. Adjektive kannst du steigern, wenn du heraushören willst, wie sie am Wortende geschrieben werden. Trage die fehlenden Buchstaben ein.

freundli____ – freundlicher	geizi____ – geizi____er
al____ – äl____er	öli____ – öli____er
winzi____ – winzi____er	reichli____ – reichli____er
wei____ – wei____er	run____ – run____er

4. Suche zu folgenden Wörtern passende Wortverwandte, an denen du die Schreibweise erkennen kannst. Zeichne die entsprechenden Laute farbig nach.

Beispiel: Mäuse: Maus, mausen, Mauseloch

wärmen: ____________________

erklären: ____________________

Ärmel: ____________________

träumen: ____________________

Gebäude: ____________________

gläubig: ____________________

Häuptling: ____________________

Zäune: ____________________

gefährlich: ____________________

prächtig: ____________________

Säugling: ____________________

5. Schreibe Wörter mit der Vorsilbe End-/end- auf.

End-/end-

los | summe | gültig | lich | abrechnung | spiel | ausscheidung

____

____

____

6. Suche nach passenden Wörtern, mit denen du dir die Schreibweise der Silbe End-/end- erklären kannst.

____

7. Trage in den folgenden Witz die passenden Buchstaben ein. Verlängere jeweils das Wort oder suche nach Wortverwandten.

Die Rechenaufgabe

Im Supermark___ steht vor der Kasse eine en___lose Schlange. Die Verk___ferin an der Registrierkasse schwitz___ Blu___ und Wasser, der kleine Theo stapel___ Artikel über Artikel vor ihr auf. En___lich ist der Einkaufswagen leer, und die Verk___ferin lie___t die En___summe vom meterlangen Kassenbon ab. Da mein___ der Kleine unschuldi___: „So, nun können Sie alles wieder einr___men, ich brauche die Summe bloß für eine Rechenaufgabe. Meine Note in Mathemati___ soll nicht wieder so schlech___ sein wie auf dem letzten Zeugnis."

8. Arbeite wie in der Übung zuvor.

Venus – eine Göttin mit zwei Sternen

Bekann___lich umkreisen die Planeten die Sonne auf festen Bahnen. Von innen nach außen gez___hlt „l___ft" die Venus auf Bahn zwei, die Erde auf Bahn drei. Da die Venus der Erde n___her ist und sie sich schneller um die Sonne beweg___ als die Erde, sehen wir sie manchmal östli___, manchmal westli___ von unserem Zentralgestirn. Wenn die Venus östli___ von der Sonne steht, leuchte___ sie nach Sonnenuntergan___ als einer der ersten Himmelskörper auf. Wir nennen sie dann Aben___stern. Steht sie hingegen westl___ von der Sonne, so sieht man sie kurz vor Sonnenaufgan___. Jetzt heißt sie Morgenstern. Aben___stern und Morgenstern sind also zwei Bezeichnungen für denselben Planeten. Ihren Namen hat die Venus übrigens von der römischen Göttin der Liebe. Vielleicht, weil Morgen- und Aben___dämmerun___ so romanti___ sind?

TIPP 3: Genau hinsehen und die Schreibweise schwieriger Wörter einprägen

1. Mit dieser Übung trainierst du das genaue Hinsehen. Schau dir die folgenden Wörter an und schreibe daneben, welches weitere Wort sie jeweils enthalten. Achte auf die Groß- und Kleinschreibung.

Beispiel: Traum: Raum

Wort: ____

welche: ____

schwierig: ______________________________

er glaubt: ______________________________

gerade: ______________________________

erstaunlich: ______________________________

2. Nicht alle Wörter mit ä und äu kannst du ableiten, um herauszufinden, wie sie geschrieben werden. Es sind Merkwörter und du musst sie dir gut einprägen. Schreibe alle Wörter mit ä und äu aus dem Buchstabenquadrat heraus. Waagerecht und senkrecht sind es jeweils fünf.

S	B	V	S	C	H	R	Ä	G	M	N
Ä	C	A	Y	S	Z	B	E	K	L	B
G	D	B	X	Ä	C	D	G	D	O	Ä
E	E	W	T	U	S	R	Q	C	R	R
N	F	Ä	V	L	C	D	E	F	G	H
G	H	R	W	E	B	A	Z	X	Y	Ä
K	L	T	K	N	Ä	U	E	L	X	H
M	N	S	Q	R	S	T	U	V	W	R
V	O	R	W	Ä	R	T	S	K	L	E
O	R	Ü	C	K	W	Ä	R	T	S	P
G	E	L	Ä	N	D	E	R	M	N	O

waagerecht

____

____

____

senkrecht

____

____

____

3. Gut einprägen musst du dir auch Wörter, die mit dem Doppellaut ai geschrieben werden.
Zeichne zu den folgenden Wörtern die Umrisse und schreibe jeweils stichwortartig eine Erklärung daneben. Wenn du dir nicht sicher bist, schau im Lexikon nach.

Hai Raubfisch

Kaiser ______________________________

Mais ______________________________

Saite ______________________________

Mai ______________________________

Main ______________________________

Waise ______________________________

Brotlaib ______________________________

Mailand ______________________________

4. Schreibe eine lustige Unsinnsgeschichte auf, in der möglichst viele dieser Wörter vorkommen.

TIPP 4: Mit dem Wörterbuch arbeiten

1. Wenn du mit einem Wörterbuch arbeiten willst, musst du dich im Alphabet auskennen. Welche vier Buchstaben fehlen hier? Schreibe sie darunter.

A B D E F G I J K L M N P Q R S T U W X Y Z

Es fehlen: ____, ____, ____, ____

2. Welcher Buchstabe steht im Alphabet jeweils zwischen den beiden Buchstaben?

B ____ D E ____ G J ____ L O ____ Q T ____ V

3. Welche beiden Buchstaben stehen im Alphabet jeweils hinter diesen Buchstaben?

D ____ ____ G ____ ____ L ____ ____ O ____ ____ U ____ ____

4. Ordne die folgenden Wörterlisten jeweils in alphabetischer Reihenfolge.

- Westen, Süden, Norden, Osten

____

- Winter, Frühling, Sommer, Herbst

____

- Geschichte, Deutsch, Sport, Englisch

____

5. Fangen mehrere Wörter mit dem gleichen Buchstaben an, so musst du sie nach dem zweiten oder dritten usw. Buchstaben anordnen. Versuche es. Die Buchstaben, auf die du achten musst, sind jeweils fett gedruckt.

- **Ta**statur, **Tu**be, **To**n, **Ti**efsee

____

- **Wei**hnachten, **Wes**tfalen, **Wel**t, **Wer**k

____

- **Span**nung, **Spo**rt, **Spaß**, **Spi**el

____

6. Die Wörter sind im Wörterbuch immer nur in einer bestimmten Form angeführt. Bei Verben musst du nach dem Infinitiv (Grundform) suchen, bei Nomen nach der Singular-Form (Einzahl) und bei Adjektiven nach der Grundstufe.
Schreibe hinter die folgenden Wörter jeweils die Form, nach der du im Lexikon suchen musst.

Beispiel: Häuser: Haus	sie verreist: ______
er liest: l ______	Gärten: ______
kälter: k ______	Läuse: ______
am größten: ______	ihr gießt: ______

7. Jetzt kannst du beweisen, dass du dich im Wörterbuch zurechtfindest. Welche Schreibweise ist jeweils richtig? Schau im Wörterbuch nach und streiche die falsche durch.

Theater – Teather	meißtens – meistens	vorraus – voraus
Geige – Gaige	Jagd – Jagt	herab steigen – herabsteigen
Farstunde – Fahrstunde	niesen – nießen	Margarine – Margariene
Geheimnis – Geheimniss	Physik – Physick	

Tipp 5: Auf die Grammatik achten

1. Für die Rechtschreibung ist es wichtig, dass du die Wortarten unterscheiden kannst. Du weißt bestimmt noch, dass Nomen großgeschrieben werden und andere Wortarten wie Adjektive, Verben, Pronomen usw. in der Regel klein.
Trage die Wörter aus der Schlange in der richtigen Schreibweise in die Tabelle ein. Setze vor die Nomen den passenden Artikel.

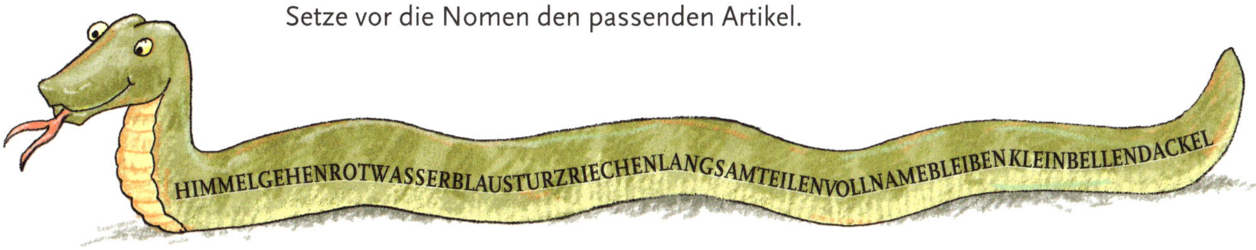

Nomen	Verben	Adjektive

2. Schreibe den folgenden Text in der richtigen Form in dein Heft. Denk daran, dass nicht nur Nomen großgeschrieben werden, sondern auch die Satzanfänge. Das fehlende Wort am Ende kannst du bestimmt ergänzen. Wenn nicht, dann schau in einem Lexikon nach.

WER IST DER URAHNE DES HUNDES?

BEI KEINEM HAUSTIER FINDEN SICH SO GROẞE UNTERSCHIEDE WIE BEIM HUND. AUF INTERNATIONALEN AUSSTELLUNGEN WIRD UNS DIE VIELFALT BESONDERS BEWUSST. SO KÖNNTE MAN AUCH HEUTE NOCH LEICHT AUF DEN GEDANKEN KOMMEN, DASS DIE HUNDE MEHRERE STAMMVÄTER HABEN. FRÜHER WURDEN BEISPIELSWEISE SCHAKALE WEGEN EINIGER KÖRPERLICHER MERKMALE UND IHRES SANDFARBENEN FELLS ALS VORFAHREN DER ORIENTALISCHEN WINDHUNDE BETRACHTET. DIE HERKUNFT EINIGER ANDERER HUNDERASSEN FÜHRTE MAN AUF FUCHS, KOJOTE UND HYÄNE ZURÜCK. ERST IN UNSERER ZEIT KAMEN ZOOLOGEN ZU DER ERKENNTNIS, DASS ES NUR EINEN EINZIGEN URAHNEN DES HUNDES GIBT,

DEN ____________________.

3. Nomen kannst du manchmal an den Endbausteinen erkennen. Wörter, die auf -ung, -heit, -keit, -nis, -tum und -schaft enden, sind Nomen. Bilde aus den folgenden Wörtern Nomen mit einer dieser Endungen und schreibe sie mit den passenden Artikeln auf.

heiter, herrschen, hindern, umleiten, frech, wachsen, gefangen, tapfer, umgeben, zeichnen, brauchen, Freund, erleben, reich, Graf, einsam, gesund

-ung	-heit	-keit

-nis	-tum	-schaft

4. Wenn du einen Brief schreibst, musst du auf eine Besonderheit in der Groß- und Kleinschreibung achten. Wenn du deinen Briefpartner gut kennst und mit du (Mehrzahl: ihr) anredest, kannst du alle Anredepronomen wie du, dein, deine, eure, euer … kleinschreiben. Wenn du es möchtest, kannst du diese Anredepronomen im Brief jedoch auch großschreiben (Du, Dein, Deine, Eure, Euer …). Unterstreiche im folgenden Brief alle Anredepronomen.

Jena, den 24.7.201X

Lieber Max,

ich schreibe dir heute, weil ich ein schlechtes Gewissen habe. Gestern ist mir in eurem Garten nämlich etwas ganz Dummes passiert. Eigentlich bin ich gar nicht schuld, sondern euer Dackel Albert, der allein zu Hause war. Wahrscheinlich wart ihr gerade in der Stadt, um etwas einzukaufen. Albert buddelte wie immer nach seinem Lieblingsknochen, als mir die Idee kam, mit ihm Fußball zu spielen. Erinnerst du dich noch, wie gern er das in der letzten Woche in eurem Garten gemacht hat? Ich bin also hinübergelaufen, habe eure Gartenstühle als Torpfosten aufgestellt und euer Albert hockte sich auf die Torlinie. Aber er hat miserabel gehalten. Der Plastikball landete genau in eurem Blumenbeet und dabei ist die Lieblingssonnenblume deines Vaters umgeknickt.

Habt ihr das schon bemerkt? Vielleicht könnt ihr mir noch einmal verzeihen! Obwohl – eigentlich müsstet ihr Albert verzeihen. Schließlich war er der Torhüter! Morgen komme ich persönlich vorbei und bringe euch und eurem Dackel etwas mit.

Dein Jonas

5. Stell dir vor, Jonas hätte den Brief nicht an Max, sondern an dessen Vater geschrieben, den er siezt. Schreibe den Text in deinem Heft neu auf. In diesem Fall musst du jedoch alle Anredpronomen (Sie, Ihnen, Ihr …) großschreiben. Diese höflichen Anredepronomen werden nämlich in allen Texten großgeschrieben.

Jena, den 24.7.201X

Sehr geehrter Herr Tünsmeier,

ich schreibe Ihnen heute, weil ich ein schlechtes Gewissen habe. Gestern ist mir in Ihrem Garten nämlich etwas ganz Dummes passiert. Eigentlich bin ich gar nicht schuld, sondern …

6. Die Grammatik hilft dir auch bei der Schreibweise von **das** und **dass**. Wenn es sich bei dem Wort um einen Artikel oder ein Pronomen handelt, schreibt man es mit einfachem s. In diesem Fall kannst du **dieses, jenes** oder **welches** ersetzen. Arbeite bei den folgenden Sätzen wie in dem Beispiel mit diesem Tipp.

Beispiel: Das Fahrrad gehört mir. Dieses Fahrrad gehört mir.

- Wasser, das zu lange kocht, verdunstet.

- Ich esse das nicht gern.

- Ein Auto, das kein Benzin hat, fährt nicht.

  ____

- Wegen des schlechten Wetters fällt das Spiel aus.

  ____

7. Wenn du dieses, welches oder jenes nicht einsetzen kannst, handelt es sich um eine **Konjunktion** (Bindewort), die mit ss geschrieben wird und einen Nebensatz einleitet. Ergänze die folgenden Sätze. Achte auf die richtige Schreibweise der Konjunktion.

- Erinnere dich daran, dass ______________________________
- Mir fällt gerade ein, ______________________________
- Maike achtet darauf, ______________________________
- Klaus hat nicht daran gedacht, ______________________________
- Vergiss nicht, ______________________________

8. Hier kannst du noch einmal üben. Setze die fehlenden Buchstaben in den folgenden Text ein.

Wie gut hören Hunde?

Wir wundern uns manchmal darüber, da___ der in seinem Körbchen schlummernde ___ierbeiner plötzlich die Ohren ___pitzt und seinen Kopf zur ___ohnungstür richtet, noch bevor die ___lingel ertönt oder jemand hereinkommt. Da___ ist jedoch gar nicht verwunderlich. Der Hund hat nämlich schon einige Zeit vor uns ___as Geräusch wahrgenommen.

Hunde haben nicht nur eine feinere ___ase als wir, sie hören auch viel ___esser. Sie können einzelne Töne ___eutlich voneinander ___nterscheiden und auch sehr genau ___eststellen, aus welcher ___ichtung sie kommen.

Versuche ergaben, da___ sie unter dreißig verschiedenen ___challquellen diejenige ___ühelos herausfanden, auf die sie abgerichtet waren. Hierbei kommen ___hnen, vorausgesetzt, sie haben Steh- und keine ___chlappohren, ihre ___hrmuscheln als ___ewegliche Schalltrichter zugute.

Hunde lernen bald, für sie ___ichtige oder ___nteressante Geräusche von nebensächlichen zu unterscheiden. Für sie ist da___ kein Problem. ___aute Musik aus dem Radio oder anderen Lärm empfinden sie zwar als störend, aber sie ___eagieren kaum darauf. Ein ungewohntes ___eräusch in ihrer ___nmittelbaren ___mgebung erweckt hingegen ___ofort ihre ___ufmerksamkeit.

Ein Mensch mit gutem Gehör ___ernimmt da___ Ticken einer Armbanduhr manchmal noch in einer ___ntfernung von drei Metern, der Hund jedoch bis zu 25 Metern.

Im Vergleich zu ___eruch und ___ehör ist da___ Sehvermögen eines Hundes weniger ___ut entwickelt.

Konsonanten nach kurz gesprochenen, betonten Vokalen

Verdopplung von Konsonanten

Wenn du nach einem kurz gesprochenen, betonten Vokal nur einen Konsonanten hörst, wird dieser meistens verdoppelt.
Beispiel: Ta**nn**e, wo**ll**en, stu**mm**

Ändert sich die Form des Wortes, bleibt die Konsonantenverdopplung.
Beispiel: Hi**mm**el – hi**mm**lisch   ko**mm**en – sie ko**mm**t

Die ersten Schiffe

Vor langer Zeit waren die Schiffe die wichtigsten Transportmittel. Wie sahen sie aus?
Die allerersten „Schiffe“ waren wahrscheinlich einfache Flöße aus zusammengebundenen Baumstämmen. Sie waren nicht wasserdicht, schwammen aber sehr gut.
Die ersten wasserdichten Fahrzeuge waren die Kanus oder Einbäume: Baumstämme, die mit primitiven Werkzeugen ausgehöhlt waren. Später nahm man auch andere Materialien, wie zum Beispiel Tierhäute und Baumrinde, und baute daraus einfache Schiffe. Bei den ersten richtigen Schiffen bestand der ganze Rumpf aus Holzplanken. Es waren Ruderboote. Sie wurden anfangs mit Paddeln und später mit Rudern fortbewegt.

1. Schreibe aus dem Text alle Wörter mit einem doppelten Konsonanten nach kurzem, betontem Vokal heraus. Zeichne den Doppelkonsonanten farbig nach und setze einen Punkt unter den kurz gesprochenen Vokal. Wörter, die mehrmals vorkommen, brauchst du nur einmal aufzuschreiben.

Schiffe ______________________________

____

2. Die Buchstaben der folgenden Wörter sind durcheinandergeraten. Stelle die richtige Reihenfolge wieder her. Bilde zu den Nomen jeweils die Pluralform und zu den Verben die 3. Person Singular Präsens.

aetLt	Latte ______	die Latten ______
laenlf	______	er, sie, es ______
amreKm	______	______
bllrenü	______	______

ipepwn

amHrem

renbenn

umesmn

tmSam

Lpepi

allB

mmNure

aTess

3. Suche zu jedem Wort möglichst viele Reimwörter und schreibe sie in dein Heft. Schaffst du es, mit den Reimwörtern ein lustiges Gedicht zu verfassen?

4. In dem Buchstabenquadrat sind waagerecht und senkrecht jeweils fünf Wörter mit Doppelkonsonant versteckt. Schreibe sie heraus. Achte auf die Groß- und Kleinschreibung.

senkrecht

waagerecht

A	K	B	V	C	K	E	N	N	E	N
D	R	F	E	G	H	I	J	K	A	L
M	U	N	R	O	R	P	Q	R	L	S
T	M	U	S	H	I	M	M	E	L	V
W	M	X	A	Y	N	Z	A	S	E	B
C	D	E	M	F	N	G	H	C	I	J
K	L	M	M	N	E	O	P	H	Q	R
S	T	U	L	I	P	P	E	L	V	W
X	Y	Z	U	A	B	C	D	I	E	F
G	T	O	N	N	E	H	I	M	J	K
L	M	N	G	U	M	M	I	M	O	P

5. Diktiert euch gegenseitig die Wörter in alphabetischer Reihenfolge (jeder fünf).

6. Setze die Buchstaben aus den Truhen so zusammen, dass Wörter mit einem Doppelkonsonanten entstehen. Wie viele kannst du bilden? Schreibe sie in dein Heft, achte auch auf die Groß- und Kleinschreibung.

7. Fülle das Buchstabenquadrat aus und versteckt darin für euren Nachbarn oder eure Nachbarin waagerecht und senkrecht jeweils fünf von den Wörtern, die ihr zuvor gebildet habt.

8. Trage in die folgenden Gedichte die fehlenden Buchstaben ein.

Bruno Horst Bull

Ko___ in mein Haus

Ko___ in mein Haus,
ko___ in mein kleines Haus.
Die Fenster stehn o___en,
die Türe ist auf,
da schauen wir beide
von dri___en heraus.

Günter Ullmann

Bevor ich meine Eltern ins Be___chen scha___e ...

... mu___ ich sie schru___en,
aus- und anziehn wie Pu___en.
Meine Mu___er fü___ern
und mit Vater gewi___ern.
A___e Pferdchen stallen
und mit Luftba___ons kna___en.
Indianer spielen und singen,
Milch und Äpfelchen bringen.
Vater huckepack tragen,
Mu___er Märchen aufsagen.

Verschiedene Konsonanten nach kurz gesprochenem, betontem Vokal

Wenn du nach einem kurz gesprochenen, betonten Vokal zwei oder mehr verschiedene Konsonanten hörst, wird meistens keiner verdoppelt.

Beispiel: Wa**ld**, Ki**nd**er, ru**tsch**en, ba**ld**

1. Schreibe aus der Schlange alle Wörter in der richtigen Weise heraus. Suche anschließend möglichst viele verwandte Wörter aus der jeweiligen Wortfamilie und schreibe sie in dein Heft.

2. Welche Vokale fehlen in den folgenden Kästchen? Trage die passenden ein, sodass sich jeweils zwei Wörter waagerecht und senkrecht ergeben.

	B		
W		N	D
	N		
	D		

	K		
R		N	D
	N		
	D		

	G		
W		L	T
	L		
	D		

	R		
H		N	D
	N		
	D		

3. Welche Wörter fehlen in den folgenden Sätzen?

Das Gegenteil von eckig ist ____________.

Zwischen zwei Zimmern befindet sich oft eine ____________.

Mein Bruder und meine Schwester sind wie Katze und ____________.

Er sieht den ____________ vor lauter Bäumen nicht.

4. Welche Wörter passen zu den folgenden Abbildungen? Schreibe sie darunter.

5. Schreibe die folgenden Wörter in alphabetischer Reihenfolge in dein Heft.

 hinten, Winter, kalt, Tulpe, Kind, Wald, gesund, Geld, Pumpe, Ring, Kunst, Balken, bunt

6. Versuche einzelne Wörter wie in Übung 4 als Bild in deinem Heft darzustellen und lasse sie von deinem Banknachbarn oder deiner Banknachbarin erraten.

Die Laute k und z nach kurz gesprochenem, betontem Vokal

Die Laute k und z werden in deutschen Wörtern nicht verdoppelt. Nach kurzem, betontem Vokal schreibt man fast immer ck und tz.

Beispiel: wa**ck**eln, Bä**ck**er, Ta**tz**e

1. Trage die gesuchten Wörter ein. Die Buchstaben in den dick umrandeten Kästchen ergeben von oben nach unten gelesen das Lösungswort.

wird morgens als unangenehm empfunden				C	K			
das sollte der Fotograf nicht tun				C	K			
für Brot und Kuchen zuständig				C	K			
nicht rund				C	K			
Möglichkeit, um Kaltes im heißen Sommer zu verzehren				C	K			
kriegt er einen Kratzer, gibt es Ärger				C	K			
vor dem Urlaub zu tun				C	K			
die Ziege darf es, der Fußballspieler nicht				C	K			
nicht die ganze Torte				C	K			
nicht nur Lamas tun es				C	K			
brummt <u>er</u> nicht, ist der Bauer brummig				C	K			

Lösungswort: ____________________

2. Schaffst du es, eine Geschichte aufzuschreiben, in der alle Wörter des Rätsels vorkommen? Versuche es.

3. Schreibe die Wörter in der Schlange auf S. 66 untereinander und versuche, zu möglichst vielen Reimwörter zu finden.

1 Mütze – Stütze, Pfütze

2 ______ – ______

3 ______ – ______

4 ______ – ______

5 ______ – ______

6 ______ – ______

7 ______ – ______

8 ______ – ______

Die Laute k und z nach l, m, n, r

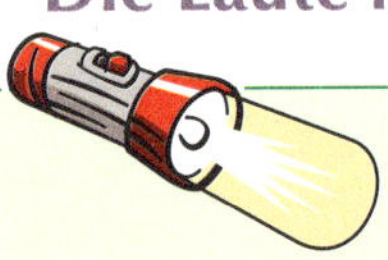

Diese Regel kannst du dir leicht merken:

Nach l, m, n, r, das merke ja, steht nie tz und nie ck.

Beispiel: win**z**ig, tan**z**en, Ran**k**e, sich bedan**k**en

1. Setze die fehlenden Buchstaben in die Wörter ein.

Pel___, tan___en, Nel___e, sich zan___en, stol___, Len___er, Ar___t, Stur___, En___el, Plan___e, kur___, flin___, Lan___e, grun___en, gan___, ran___ig, zwan___ig, Hol___, wür___ig, Ner___, Fal___e, den___en, Win___el, mel___en, Schmer___, Ker___e, Mär___, Wal___er, Im___er

2. Versuche, aus den Wörtern eine möglichst lange Schlange zu bilden. Der letzte Buchstabe des vorangegangenen Wortes soll dabei der Anfangsbuchstabe des folgenden sein (z.B.: LENKERANZIG...).

3. Verbinde die folgenden Nomen so, dass passende Zusammensetzungen entstehen.

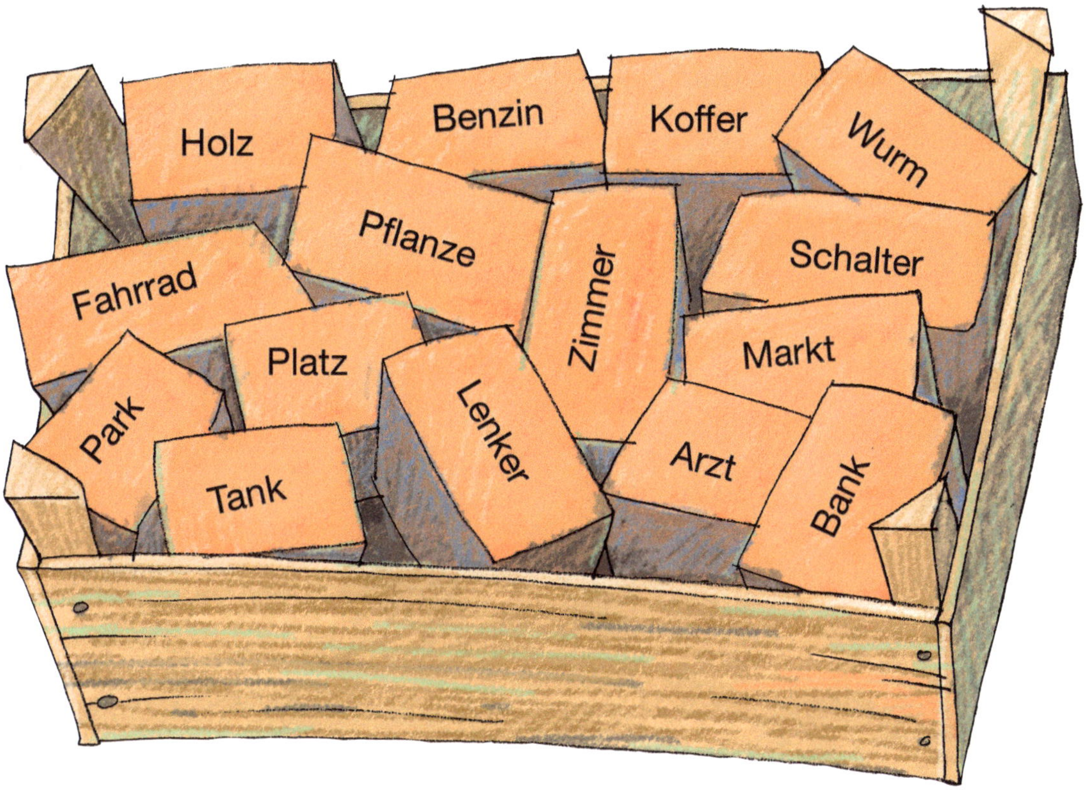

4. Bilde zu den Infinitiven in der Tabelle jeweils die 1. Person Singular Präsens und Präterium

Infinitiv	**1. Person Singular Präsens**	**1. Person Singular Präteritum**
tanzen	ich	
danken		
schminken		
stürzen		

5. Hier kannst du noch einmal üben. Trage die richtigen Buchstaben in die Lücken des Gedichts ein.

Hans Manz
Nachrichten aus den Königshäusern

Warum schni___ der Kaiser Grima___en
und stöhnte, als man ihn krönte?
Eine Mü___e saß unter der Krone,
fühlte sich falsch am Pla___e,
konnt' es nicht la___en
und stach den Kaiser
in die Gla___e.

Was tat die Prinze___in auf der Erbse,
als sie auf zwan___ig Matra______en
und zwan___ig Eiderdaunendecken
nicht schlu______erte,
nicht döste,
nicht schlief?
Sie rief, sie rief:
Man so___ mir eine Leiter bri___en,
ich traue mich nicht,
aus dem Be___ zu spri______en!

Wie trin___t eine Königin den Tee?
Sie trinkt ihn aus Porze___an,
weiß wie Schnee,
versteht es, die Hen______el der Tassen
mit spi___en Fingern zu fa___en,
si___t ker___engerade im Throne und
führt den Tee
wu___erbar zierlich zum Mu___.
Mit spi___en Li___en versucht sie,
und we___ sie sich den Mu___ verbre___t,
flucht sie.

Wo si___en die Kaiser,
die Kaiseri___en?
Wo si___t der König,
die Königin?
Wo si___en sie, wo?
Genau wie du und ich:
auf dem Po.

s-Laute

Gesummt oder gezischt – stimmhaft oder stimmlos

Bei den s-Lauten unterscheidet man den gesummten, **stimmhaften** und den gezischten, **stimmlosen** s-Laut.

Der **stimmhafte, gesummte s-Laut** wird immer **mit einfachem s** geschrieben.

Do**s**e, bla**s**en, ro**s**ig.

Der **stimmlose, gezischte s-Laut** kann **s, ß** oder **ss** geschrieben werden.

Gra**s**, flie**ß**en, Ta**ss**e.

1. Sprich die folgenden Wörter deutlich aus. Unterstreiche anschließend alle Wörter, in denen du einen stimmhaften, gesummten s-Laut hörst.

Tasse   Gräser   fließen   Gas   messen   weiß   begossen   Haus
Masse   Straße   blasen   Fuß   Lose   heißen   Schlüssel   liest   reißen
Bremse   lassen   Glas   Gänse   Grüße   passen   Eis   niesen
Kasse   Bläser   groß   Los   Häschen   Klöße

2. Trage die Wörter aus Aufgabe 1 in die passenden Spalten der folgenden Tabelle ein.

stimmhaft, gesummt ausgesprochener s-Laut	**stimmlos, gezischt ausgesprochener s-Laut**		
s geschrieben	s geschrieben	ß geschrieben	ss geschrieben

Der s-Laut nach lang ausgesprochenem Vokal

Nach **lang ausgesprochenem Vokal** oder nach einem **Doppellaut** (ei, au...) wird der stimmlose s-Laut entweder **s** oder **ß** geschrieben.

Ein einfaches **s** steht, wenn es **verwandte Wörter** mit einem stimmhaften s-Laut gibt.

Lo**s** – lo**s**en
Gra**s** – Grä**s**er

In den anderen Fällen wird **ß** geschrieben.

Fu**ß**, flie**ß**en, hei**ß**

1. Suche zu den folgenden Wörtern mehrere verwandte Wörter, in denen du einen stimmhaften s-Laut hörst. Sprich die Wörter deutlich aus.

Gras: ______________________________

er liest: ______________________________

Glas: ______________________________

sie saust: ______________________________

ihr verreist: ______________________________

Preis: ______________________________

sie bewies: ______________________________

er bläst: ______________________________

2. Schreibe die folgenden Wörter in dein Heft und ordne sie dabei in alphabetischer Reihenfolge. Suche anschließend Wörter heraus, die sich reimen, und bilde lustige Paarreime damit.

zerreißen Floß heiß groß fleißig zerfließen Klöße
Maße gießen Fuß weiß genießen bloß Straße dreißig

3. Welche Buchstaben fehlen in den folgenden Wörtern, s oder ß? Trage die richtigen ein. Überlege zuvor, ob es verwandte Wörter gibt, in denen du einen stimmhaften s-Laut hörst.

Gru___, Hau___, ich wei___, Ei___, Spa___, er blie___, Ga___, er bei___t, ihr le___t, Lo___bude

Der s-Laut nach kurz ausgesprochenem Vokal

Nach kurz ausgesprochenem Vokal wird der s-Laut in der Regel ss geschrieben.
Ta**ss**e, er kü**ss**t, mi**ss**lungen

1. Bilde mithilfe des folgenden Wortsterns möglichst viele Wörter, die mit ss geschrieben werden.

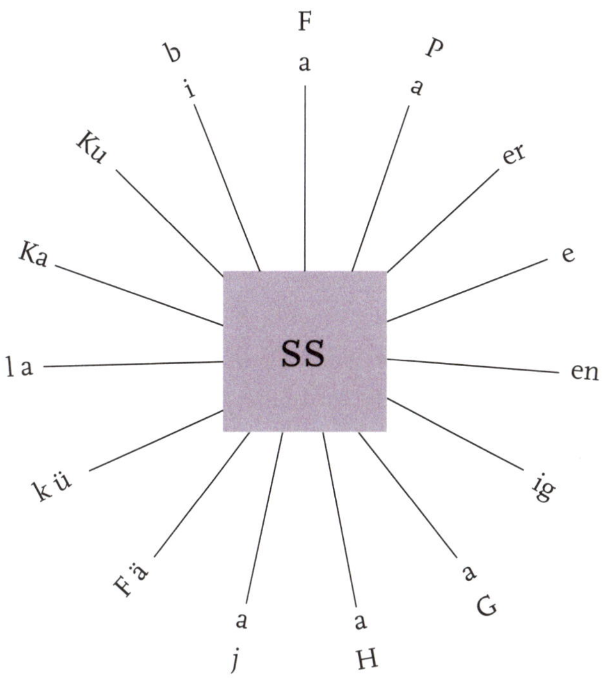

2. Welche Nomen passen zu den folgenden Verben? Schreibe sie mit dem entsprechenden Artikel auf.

fassen: das ____________ passen: ____________

küssen: ____________ kassieren: ____________

hassen: ____________

3. Suche zu den folgenden Wörtern jeweils ein passendes Reimwort, das mit ss geschrieben wird.

lassen	müssen	Kuss	wissen	Tasse

4. Schreibe ein lustiges Gedicht, in dem möglichst viele der gefundenen Reimwörter vorkommen.

Mal kurz – mal lang

1. In den folgenden Wörtern fehlt entweder ss oder ß. Trage die Buchstaben ein. Sprich das jeweilige Wort zuvor deutlich aus und zeichne unter den vorausgehenden Vokal einen Punkt, wenn er kurz ausgesprochenen wird, und einen Strich, wenn er lang ausgesprochen wird. Denk daran, dass Doppellaute immer lang ausgesprochen werden.

sie schie___t   das Flu___ufer   geri___en   der Spa___   die Ta___e

er lä___t   er flie___t   der Ha___   die Fü___e   das Wei___brot   gego___en

ein bi___chen   das Bierfa___   der Schlü___el   ich hei___e   gro___

2. Verwende die Wörter aus der Aufgabe 1 jeweils für einen Satz. Schreibe die Sätze in dein Heft.

3. Manchmal ändert sich die Vokallänge vor dem s-Laut, wenn du verwandte Wörter bildest. Geschrieben wird dann so, wie du es bereits gelernt hast. Trage in die folgenden Wörter die richtigen Buchstaben ein.

Fluss:	flie___en – geflo___en	Schuss:	sie schie___t – sie hat gescho___en
vergessen:	ich verga___ – verge___lich	Biss:	er bei___t – bi___ig
Schluss:	abschlie___en – abgeschlo___en	gießen:	ich habe gego___en – Gie___kanne
lassen:	ich lie___ – gela___en		

4. Schreibe wie in dem Beispiel jeweils einen Satz oder ein Satzpaar auf, in dem du die Wörter aus Aufgabe 3 verwendest.

Beispiel: *Der Fluss fließt seit der Begradigung viel schneller, früher ist er langsamer geflossen.*

Merkwörter mit s

Bei einigen Wörtern mit s ist es schwer, die Schreibweise zu erklären. Dazu gehören zum Beispiel Wörter mit **st**, **sk** oder **sp**.

lu**st**ig, Mu**sk**el, li**sp**eln

Die Schreibweise folgender Wörter musst du dir ebenfalls gut einprägen:

wa**s**, bi**s**, lo**s**, e**s**, de**s**, etwa**s**, bereit**s**, der Rei**s**, der Mai**s**, abend**s**, morgen**s**...

Wörter mit den Endungen **-is**, **-as**, **-us** und **-nis** werden im Singular mit einfachem s geschrieben. Im Plural steht ss, wenn der s-Laut erhalten bleibt.

Geheimni**s** – Geheimni**ss**e
Atla**s** – Atlanten (auch: Atla**ss**e)

1. Trage die fehlenden Buchstaben in die folgenden Sätze ein.

- Maike wäre fa___ über ihre eigenen Füße ge___olpert.
- Jörg und Lisa verabreden sich zum Sommerf___.
- Im Frühling sind überall die glänzenden Kno___en an den Bäumen zu sehen.
- Wir verbringen unseren Urlaub regelmäßig an der Atlantikkü___e.
- Wer täglich trainiert, erhält kräftige Mu___eln.
- Zu Mittag gibt es heute knu___rige Pommes mit Ketchup.
- Seit Tagen werde ich diesen fe___tsitzenden Hu___en nicht lo___.
- Zu einem chinesischen Essen gehört fa___t immer Rei___.

2. Welche Merkwörter aus dem Regelkasten oben passen zu folgenden Umrissen? Schreibe sie daneben.

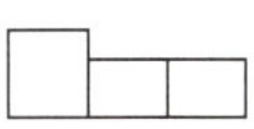 ____________________

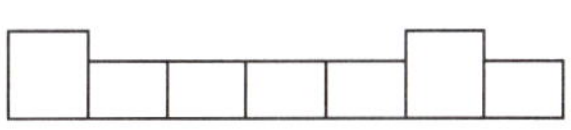 ____________________

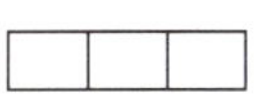 ____________________

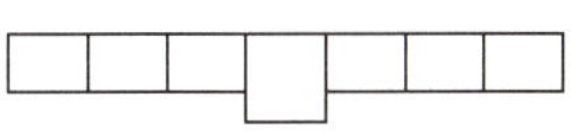 ____________________

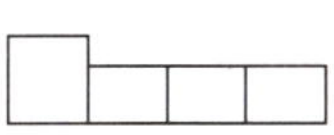 ____________________

3. Trage die fehlenden Ausdrücke in die Tabelle ein. Schau dir zuvor noch einmal die Hinweise in dem Kasten auf der Seite zuvor an.

Singular	Plural
das Erlebnis	die ___
___	die Zeugnisse
das Ereignis	___
___	die Ärgernisse
das Hindernis	___
___	die Geheimnisse
der Zirkus	___
___	die Krokusse

4. Trage in das folgende Gedicht die fehlenden Buchstaben ein.

Martin Auer
Über die Erde

Über die Erde
soll___ du barfu___ gehen.
Zieh die Schuhe au___,
Schuhe machen dich blind.
Du kann___ doch den Weg
mit deinen Zehen ___ehen.
Auch das Wa___er
und den Wind.

Sollst mit deinen ___ohlen
die Steine berühren,
mit ganz nackter Haut.
Dann wir___ du bald ___üren,
dass dir die Erde vertraut.
Spür da___ na___e Gra___
unter deinen Fü___en
und den trockenen ___aub.
La___ dir vom Moo___
die ___ohlen ___reicheln und
kü___en
und fühl
das Kni___ern im Laub.

Steig hinein,
steig hinein in den Bach
und lauf aufwärt___
dem Wa___er entgegen.
Halt dein Ge___icht
unter den Wa___erfall.
Und dann soll___ du dich
in die ___onne legen.
Leg deine Wange an die Erde,
riech ihren Duft und ___ür,
wie auf___eigt au___ ihr
eine ganz gro___e Ruh'.
Und dann ist die Erde
ganz nah bei dir,
und du wei___t:
Du bi___ ein Teil von Allem
und gehör___ dazu.

Lang ausgesprochene Vokale

Lang ausgesprochene Vokale – einfach geschrieben

Die meisten Wörter mit lang und betont ausgesprochenem Vokal schreibt man mit einfachem Buchstaben.

Beispiel: Dose, Nashorn, Besen, holen

1. Setze die folgenden Silben so zusammen, dass Wörter mit lang ausgesprochenem Vokal entstehen. Unterstreiche anschließend die lang ausgesprochenen Vokale.

Ho-, näm-, -len, Se-, ru-, -ge, Schu-, -ben, Va-, -ne, -te, Ra-, Lo-, Fe-, -ge, tra-, -se, -lich, ho-, -gel, -fen, Sa-, -le, le-, -se, Tö-, Hü-, -sen, Ta-, -gen, -rien, -se, lo-

2. Ordne folgende Wörter in alphabetischer Reihenfolge und diktiere sie anschließend deinem Nachbarn oder deiner Nachbarin.

schwer, nämlich, spät, (ein Bild) malen, Ware, Sage, dämlich, Rose

3. Welche einfach geschriebenen Buchstaben fehlen in dem folgenden Text? Trage sie ein.

Die Eroberung des Weltalls

Am 4. Okt___ber 1957 umkreiste zum ersten M___l ein Satellit die Erde. W___rum ist dieses D___tum s___ wichtig?

An diesem T___g begann die Er___berung des Weltalls. Zum ersten M___l verließ ein auf der Erde von Menschen hergestelltes Objekt unsere Atmosph___re. Es w___r der Sputnik, ein russischer Satellit.

Fünf Min___ten nach seinem Start begann der Sputnik, die Erde zu umkreisen, w___bei er einen lauten T___n von sich g___b, der auf der ganzen Erde geh___rt werden konnte.

Einen M___nat sp___ter wurde ein zweiter Sputnik gestartet, diesmal mit einer Hündin an Bord. Sie hieß Laika und w___r das erste L___bew___sen, das die Erde umkreiste.

Auch einige Wörter, die ein lang ausgesprochenes i enthalten, werden mit einfachem Buchstaben geschrieben.

Beispiel: mir, er gibt, Apfelsine

4. Suche aus dem Wörterversteck waagerecht und senkrecht alle Wörter heraus, die einen lang ausgesprochenen i-Laut haben, der mit einfachem i geschrieben wird.

W	I	R	A	B	C	D	E	F	A	G
R	O	S	I	N	E	H	K	L	P	M
O	B	G	A	R	D	I	N	E	F	N
N	I	M	L	K	H	G	M	F	E	O
P	B	T	I	G	E	R	E	E	L	P
D	E	K	W	S	V	T	D	D	S	Q
I	R	L	K	R	A	V	I	C	I	R
R	V	I	L	Q	M	W	Z	B	N	S
Q	T	M	M	P	P	G	I	A	E	T
R	S	A	N	O	I	Z	N	M	I	R
K	A	M	I	N	R	Y	X	W	V	U

waagerecht (6 Wörter)

senkrecht (6 Wörter)

5. Schreibe die Wörter aus Aufgabe 4 noch einmal in alphabetischer Reihenfolge auf und lass sie dir anschließend diktieren.

6. Löse das folgende Rätsel.

- getrocknete Weintraube
- das Buch der Christen
- Stacheltier
- die Reste einer Burg
- Brotaufstrich
- Raubtier
- Vater, Mutter, Kind
- Wintersportgerät
- ein klingendes Schulfach
- es lebt im Nil
- damit fährt das Auto

Vokalverdopplung nach lang ausgesprochenem Vokal

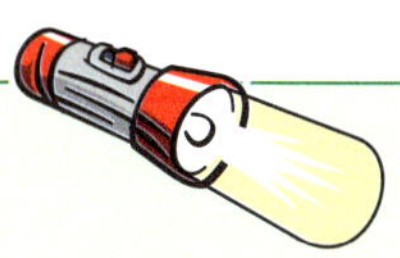

In einigen Wörtern werden die lang ausgesprochenen Vokale verdoppelt. Das i und das u werden jedoch nicht verdoppelt.

Beispiel: **Boot**, **See**, **Haa**re

1. Schreibe die gesuchten Wörter auf: Sie enthalten alle ee:

– vierblättrig soll er Glück bringen

– für einen Ball und für einen Mann, sicherlich auch für eine Frau im Winter geeignet

– wichtiger Bestandteil der Straße

– nicht nur zwischen Europa und Amerika befindet es sich

– aus Kräutern hergestellt hilft er bei fast jeder Krankheit

______

– sportliches Wurfgerät

______

– Getränk mit ff, aber darauf kommt es hier nicht an

______

– je nach Vorliebe wählt man sie mit Stachel oder in Blau

______

– in diesem Zustand gehört die Flasche in den Glascontainer

______

2. Erfinde ein lustiges Gedicht, in dem einige der gesuchten Wörter als Reimwörter vorkommen. Vergiss nicht die Überschrift. Schreibe das Gedicht in dein Heft.

3. Setze die passenden Wörter mit aa aus der Zeichnung in das Gedicht ein. Einige kommen doppelt vor.

Vom ______ aus Dänemark

Es lebt' im ______e Dänemark
Ein sehr beleibter ______.
Der sprach: „Ich bin am Bauch zu stark,
Grad wie ein riesengroßer ______."
Und stellt' sich auf die ______.

„Von stark kann keine Rede sein,
Da sträubt sich mir das ______.
Du bist zu dick, das ist's allein."
Frau ______ sprach's laut und klar.
Das holt' ihn von der ______.

4. Löse das folgende Worträtsel. Alle Wörter enthalten oo.

ganz schön feucht und gefährlich		o	o	
weicher Sitzplatz im Wald		o	o	
Treffpunkt von Tieren und Menschen		o	o	
Wasserfahrzeug		o	o	
sehr dumm		o	o	

5. Hier stimmt etwas nicht. Setze die Wörter so zusammen, dass sinnvolle Ausdrücke entstehen.

Moorsuppe, Aalhuhn, Teetiere, Zookanne, Gummischnee, Pulverboot, Tanzbeere, Blausaal, Haarenge, Meerspange, Mooswurf, Speerbett, Personensee, Ungeheuerwaage

Vokalverdoppelung oder einfacher Vokal?

6. Setzt die fehlenden Buchstaben ein und diktiert euch anschließend gegenseitig die Sätze. Schreibt dann fünf weitere Sätze nach diesem Muster in euer Heft.

- Im M___r verl___r er seine H___se.
- Ein ___sel frisst Kl___, trinkt aber keinen T___.
- ___le, die durch das Wasser r___sen, stoßen sich sehr leicht die N___sen.
- Eine D___se voller L___se fand ich im M___.
- Zunächst tanzte der H___se im S___l, später fr___ß er im G___rten S___l___t.
- Wenn ich ein Buch l___se, koche ich mir vorher eine Tasse Kaff___ oder Blaub___rt___.
- Zum Geburtst___g wünscht sich Paul ein R___d, eine W___ge, Blumens___men und eine V___se.
- Schn___frauen r___den im F___bruar viel über das Wetter.
- Ein Affe aus dem Z___ erwarb im Supermarkt eine T___rte, zwei R___sen und ein B___t.

Lange Vokale mit h als Dehnungszeichen

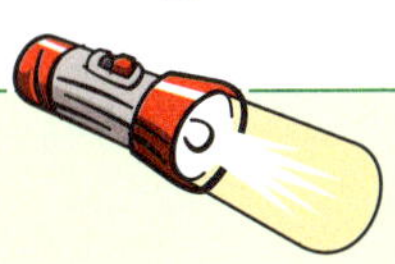

In einigen Wörtern steht hinter dem lang ausgesprochenen Vokal ein h als Dehnungszeichen.

Häufig folgt dem Dehnungs-h ein **l**, **m**, **n** oder **r**.

Z<u>a</u>**hl**, R<u>u</u>**hm**, H<u>u</u>**hn**, <u>O</u>**hr**

Manchmal leitet das h hinter dem langen Vokal auch eine neue Silbe ein.

g<u>e</u>-**h**en, r<u>u</u>-**h**en, bl<u>ü</u>-**h**en

1. Trage die folgenden Wörter in die passenden Spalten der Tabelle ein. Unterstreiche anschließend den langen Vokal und zeichne das Dehnungs-h und den folgenden Konsonanten farbig nach.

Zähne Stuhl Ruhm bohren Fehler nehmen Hühner nachahmen
Rahmen Sohn Mehl Uhr strahlen Lehm Eisenbahn Rohr Lehrerin
angenehm Bohne mahlen Kuhle fahren Bühne Wahrheit zähmen

Dehnungs-h vor l	Dehnungs-h vor m	Dehnungs-h vor n	Dehnungs-h vor r
St<u>u</u>hl			

2. Schreibe zu den folgenden Wörtern weitere aus der Familie auf.

Zahl: -zählen, ……

Wahl: ……

Lehrer: ……

fahren: ……

Höhle: ……

3. Schreibe zu den folgenden Verbformen jeweils den Infinitiv (Grundform) auf und trenne dabei wie in dem Beispiel die Silben.

er mäht: mä-hen ……

es blüht: ……

er näht: ……

es zieht: ……

sie geht: ……

du siehst: ……

sie steht: ……

4. Trage die entsprechenden Personalformen im Präsens in die Tabelle ein.

Person	stehen	fehlen	sehen
ich	stehe		
du			siehst
er, sie, es			
wir			
ihr			
sie			

5. Schreibe zu den folgenden Verben die Personalformen im Präteritum auf.

Person	nehmen	verzeihen	sehen
ich		verzieh	
du	nahmst		
er, sie, es			
wir			sahen
ihr			
sie			

6. Verbinde die folgenden Nomen miteinander, sodass sinnvolle Zusammensetzungen entstehen. Einige Wörter kannst du auch mehrfach verwenden.

Uhr, Wasser, Eisen, Hühner, Zettel, Schnitzel, Stall, Haus, Zahn,
Zeit, Bahn, Arzt, Wahl, Ei, Schuhe, Strahl, Kuh, Rahm

7. Schreibe eine lustige Geschichte, in der möglichst viele der Zusammensetzungen vorkommen.

8. Trage die fehlenden Buchstaben in die Lücken des Textes ein.

Wo f___r die erste Straßenb___n?

Die erste Straßenb___n auf Schienen verk___te 1832 in New York. Gezogen wurde sie von zwei Pferden. Einige J___re später f___ren solche Pferdeb___nen auch in za___reichen europäischen Städten. Für viele Menschen war dieses Verk___rsmittel jedoch se___r unangen___. Sie beklagten sich über den Pferdemist, der auf den Straßen lag. Deshalb war man erleichtert, als die Pferdeb___nen durch Dampfb___nen und später durch elektrische Straßenb___nen ersetzt wurden.

Heute sind es vor allem die U-B___nen, die täglich viele Menschen von einem Ort zum anderen bringen.

9. Diktiert euch gegenseitig den Text.

10. Auch in dem folgenden Witz fehlen einige Buchstaben. Trage sie ein.

Die Verwechslung

Der zerstreute Professor begegnet an der Straßenb___nhaltestelle einem Mann. „Guten Tag, Herr Sauerbier, Sie s___en aber s___r verändert aus. Einen dicken Bauch haben Sie bekommen und eine Glatze. St___t Ihnen übrigens gut!" – „Entschuldigung, aber ich heiße nicht Sauerbier." – „Was, Sauerbier heißen Sie auch nicht m___r?"

Einfacher Vokal oder Dehnungs-h?

11. In einigen Wörtern des folgenden Textes fehlt ein e oder ein eh. Trage die entsprechenden Buchstaben ein.

Das Landleben

Die L___rerin schreibt als Th___ma an die Tafel: Das Landl___ben. Der z___njährige Dieter gibt s___r schnell ab. In seinem Heft st___t: Das L___ben auf dem Lande ist s___r lustig. Die kleinen Schweine l___gen das große Schwein auf die Seite und knabbern ihm die Knöpfe von der Weste ab. M___r weiß ich nicht.

12. Überlege, ob du jeweils ein einfaches a oder ein a mit nachfolgendem h in die Lücken eintragen musst. Verbinde anschließend die Wörter aus der linken Spalte mit den passenden aus der rechten und schreibe die Zusammensetzungen auf. Wenn du unsicher bist, schau im Wörterbuch nach.

S____ne	Fang	
R____t	Kissen	
M____l	Urne	
T____t	Arzt	
V____se	Schüssel	Sahneschüssel
B____n	Haus	
R____men	Sache	
W____l	Zeit	
W____l	Blumen	
Z____n	Gleise	
N____del	Bilder	

13. Hier geht es um o oder oh. Löse die beiden Worträtsel. Schau auch hier im Wörterbuch nach, wenn du dir nicht sicher bist.

- ihn erhält man für geleistete Arbeit
- dort hinein gehört der Ball
- dafür sind die Bienen verantwortlich
- Gemüsesorte
- er macht die Musik
- Brennmaterial
- Teil des Schuhs
- Behälter aus Blech
- Mitglied der Familie
- nachts am Himmel zu sehen

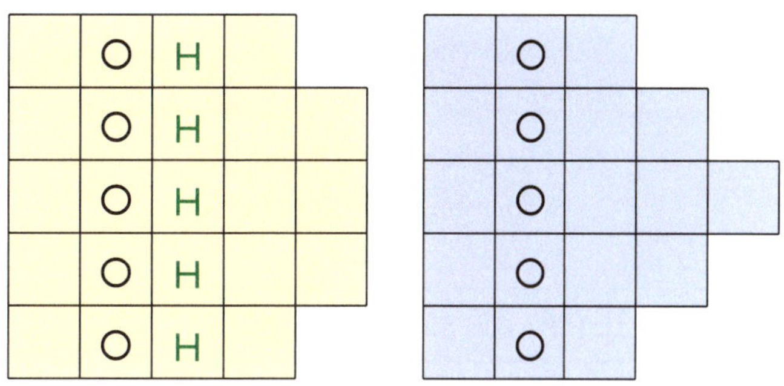

Der lang ausgesprochene i-Laut, mit ie geschrieben

Die meisten Wörter mit lang ausgesprochenem i-Laut werden mit ie geschrieben.

Z**ie**ge, l**ie**ben, v**ie**l

Manchmal wird der lang ausgesprochene i-Laut jedoch auch mit einfachem i geschrieben (s. S. 76–77).

1. Schreibe die folgenden Wörter nach dem Alphabet geordnet in dein Heft.

Ziel, Dienstag, die, probieren, niemand, Spiegel, verlieren, dieser, Riese, kriechen, gießen, Frieden, schief, Stiefel, liegen, Biene, sie, genießen, Krieg, Fliege, Lied, diktieren, Spiel, niemand, sieben, Papier, schwierig, tief, kariert, riechen, viel, lieben, Riegel, sprießen, Wiese, Ziege

2. Schreibe die Wörter aus der Liste heraus, die sich reimen. Formuliere damit lustige Paarreime.

Zum Kaufhaus läuft die eitle Ziege.
Sie kauft sich eine neue Fliege.

3. Es gibt einige Verben, die die Präteritumformen mit ie bilden. Trage die fehlenden Formen in die Tabelle ein.

Infinitiv	1. Person Singular Präsens	1. Person Singular Präteritum
laufen	ich laufe	ich lief
fallen		
heißen		
beweisen		
schreien		
rufen		
halten		
bleiben		
treiben		

Wörter mit ih

Mit ih schreibt man einige Personalpronomen und Possessivpronomen.
Beispiel: **ih**r, **ih**rer, **ih**rem, **ih**ren, **ih**m, **ih**n

4. Ersetze die unterstrichenen Wörter durch ein passendes Pronomen.

- Jule schenkt <u>ihrem Freund</u> einen gelben Plüschbären.

  ____

- Jonas besucht <u>Lukas</u> im Krankenhaus.

  ____

- Die Schüler kaufen <u>dem Klassenlehrer</u> zum Geburtstag ein Buch.

  ____

- Paul spielt mit <u>Lisas</u> Hund.

  ____

5. In dem folgenden Gedicht fehlen mehrere Personalpronomen und die Buchstaben für die lang ausgesprochenen i-Laute. Trage sie ein.

Janosch
Das L___besbr___f-Ei

Eine Henne verspürte große Lust
unter den Federn in der Brust,
aus L___be dem Freund, einem Hahn, zu schreiben,
er solle nicht länger in Düsseldorf bleiben.
Er solle doch l___ber h___r – zu ________ eilen
und mit ________ d___ einsame Stange teilen,
auf der ________ schl___f.
Das stand in dem Br___f.

Wir müssen noch sagen: Es fehlte ________
an gar nichts. Außer an Br___fpap___r.
Da schr___b ________ ganz einfach und deutlich mit Blei
den L___besbr___f auf ein Hühnerei.
Jetzt noch mit einer Marke bekleben
und dann auf dem Postamt abgegeben.
Da knallte der Postmann den Stempel aufs Ei.
Da war ________ vorbei.
D___ L___belei.

Zeichensetzung

Das Komma zwischen Aufzählungen

Zwischen den Teilen einer **Aufzählung** steht ein Komma, wenn die Teile nicht durch **und**, **sowie** bzw. **oder** verbunden sind.
Die Teile einer Aufzählung können aus einzelnen Wörtern, Wortgruppen oder Sätzen bestehen.

Beispiel: Ich mag Bananen, saure Äpfel, harte Birnen und Kiwis.
Lisa mäht den Rasen, Paul liest ein Buch und Anke macht ihre Hausaufgaben.

1. Unterstreiche in den folgenden Sätzen die einzelnen Teile der Aufzählungen und setze anschließend die Kommas.

- Im Zoo haben wir Elefanten Löwen Kängurus Affen und Wölfe gesehen.
- Hunde beschnuppern gern Bäume Laternen und Hausecken.
- Ein gut erzogener Hund läuft an der Leine kommt sofort auf Zuruf wartet geduldig vor einem Geschäft jagt keinem Radfahrer oder Jogger nach und packt auch nicht den Briefträger an den Hosenbeinen.
- Schnauzer haben ein raues hartes und dichtes Haarkleid.
- Schnauzer sind nicht angriffslustig eher ruhig und bedächtig.
- Kaum eine Hunderasse ist so eng an Haus Hof und Familie gebunden wie der Spitz.
- Mit angeborenem Argwohn und lautstarkem Gebell bewachte er schon in früheren Jahrhunderten den Kahn des Schiffers den Pferdewagen des Fuhrmanns oder den entlegenen Bauernhof.

2. Im folgenden Text fehlen die Kommas zwischen den Teilen einer Aufzählung. Setze sie. Es fehlen insgesamt acht Kommas.

Windhunde

Schon vor Jahrtausenden stellten die Ägypter auf Denkmälern in Grabkammern an Felswänden und auf Schalen und Vasen Hunde dar. Diese Abbildungen gleichen unseren heutigen Windhunden. Dabei handelt es sich um Hunde mit langem schmalem Kopf mit einem biegsamen Körper und hoch „aufgezogenem" Leib einem kräftigen Brustkorb und hohen sehnigen Läufen. Die Pharaonen schätzten diese schnellen ausdauernden Hunde. Der Wert der Hunde beruhte hauptsächlich auf der Geschwindigkeit beim Jagen. Über Steppengras und Wüstensand hetzten sie Antilopen Gazellen und anderen Tieren schnell wie der Wind hinterher.

Das Komma bei Anreden und Ausrufen

Wenn du in einem Satz jemanden namentlich **anredest** oder einen **Ausruf** einfügst, musst du ein Komma setzen.

Beispiel: Anna, hast du an das Zeugnis gedacht?
Ach, das habe ich gar nicht gewusst!

3. Setze die fehlenden Kommas.

- Oh weh du siehst sehr schlecht aus!
- Achtung hinter dir steht jemand!
- Versteck dich hinter dem Hügel Meike.
- Lasst mich nicht allein bitte!
- Martin steh bitte auf!
- Klarissa ich möchte nicht, dass du so spät nach Hause kommst.
- Für dich liebe Monika tue ich alles.
- Mein kleiner Bruder kommt immer mit leider.
- Ach dann bleibe ich lieber zu Hause.

4. Setze auch in dem folgenden Auszug aus einer Erzählung die fehlenden Kommas. Es sind vier.

Der Überfall

... Leise näherten wir uns dem Zeltlager. „Vorsicht da ist eine Baumwurzel!“, flüsterte ich den anderen zu. Astrid nahm das Bettlaken und bedeckte ihren ganzen Körper damit. „Suse du musst mich führen“, sagte sie mit dumpfer Stimme, „ich sehe nichts mehr.“ Suse nahm sie geräuschlos an die Hand. Nun erreichten wir den Zeltplatz. Alles war ruhig. Doch dann ertönte ein ohrenbetäubender Lärm. „Oh je man hat uns verraten!“, dachte ich bestürzt. In Windeseile waren wir gefesselt. „Suse, Martin und Astrid das war keine gute Idee, uns zu überfallen!“, lachte Karina.

Teste dein Wissen!

Auf den folgenden Seiten hast du die Möglichkeit, das, was du in diesem Schuljahr gelernt hast, noch einmal zu überprüfen.

Interessant und anschaulich erzählen

1. Ergänze den fehlenden Begriff:

Der Erzählplan zu einer Erzählung hilft dir, die richtige ____________________ beim Erzählen einzuhalten.

2. Der Erzählplan sollte in der Regel aus folgenden drei Teilen bestehen:

a) ____________________

b) ____________________

c) ____________________

3. Schreibe auf, welche W-Fragen in der Regel in der Einleitung zu einer Erzählung beantwortet werden sollten.

a) ____________________

b) ____________________

c) ____________________

d) ____________________

4. Kreuze an, aus wessen Sicht hier erzählt wird.

Willi, der Dackel, schüttelte sich das Wasser aus seinem Fell. „Na wartet“, dachte er, „das will ich euch heimzahlen. Mich einfach mit dem Gartenschlauch nass zu spritzen!“ Nachdenklich sah er zu, wie Herr Kaiser und sein Sohn Fritz seelenruhig das Blumenbeet weiter wässerten, als sei nichts geschehen. Insbesondere Fritz schien großen Spaß daran gehabt zu haben, Willi nass zu spritzen. „Ich hab's“, jubelte Willi innerlich. „Ich werde dafür sorgen, dass die beiden ebenfalls eine Dusche abbekommen.“

Erzählt wird aus der Sicht von

☐ Herrn Kaiser ☐ seinem Sohn Fritz ☐ dem Dackel Willi

5. Liste auf, wodurch du den Hauptteil einer Erzählung interessant und spannend gestalten kannst.

a) ____________________

b) ____________________

c) ____________________

6. Setze die fehlenden Anführungszeichen und Kommas ein:

- Was gibt es heute zu essen? fragte ich meine Mutter.
- Pass auf da ist eine hohe Bordsteinkante! rief mein Freund.
- Weil heute so schönes Wetter ist sagte der Lehrer bekommt ihr keine Hausaufgaben auf.

Sachtexte verstehen

1. Beantworte die Fragen, die unter dem folgenden Text stehen.

Säugetiere

Alle Säugetiere sind Wirbeltiere, das heißt, sie besitzen ein Rückgrat, das dem Körper Halt und Stütze verleiht. Sie bilden zwar nicht die Gruppe mit den meisten Tierarten, aber die höchstentwickelten Lebewesen sind die Säugetiere. Säugetiere tragen diesen Namen, weil ihre Jungen nach der Geburt von der Mutter gesäugt werden.

Außer den Eier legenden Kloakentieren bringen alle Säugetiere lebende Jungen zur Welt. Als Kloakentiere bezeichnet man Ameisenigel und Schnabeltiere. Die Jungen der Säugetiere entwickeln sich die erste Zeit im Mutterleib, bis sie geboren werden. Diese so genannte Tragzeit kann je nach Tierart unterschiedlich lang dauern, beim Goldhamster z.B. 16 Tage, beim Elefanten 630 Tage.

Nach der Geburt werden die Jungen dann mit Muttermilch ernährt, die in den Milchdrüsen der Mutter gebildet wird. Die Jungen einiger Säugetiere können schon sehr bald nach der Geburt den erwachsenen Tieren folgen, andere sind noch sehr hilflos und müssen sich erst entwickeln. Ein Menschenbaby braucht zum Beispiel sehr lange, bis es laufen kann. Bei den Beuteltieren, z.B. Känguru oder Opossum, kriechen die Jungen nach der Geburt in einen kleinen Beutel am Bauch der Mutter. Sie werden dort gesäugt und bleiben so lange darin, bis sie selbstständig sind.

Auf Säugetiere trifft man überall, auf dem Land, im Wasser und in der Luft. Wale, Fledermäuse und Katzen gehören zum Beispiel zu den Säugetieren. Die meisten haben vier Gliedmaßen, die je nach Bedarf als Füße, Flossen, Flügel oder Grabschaufeln ausgebildet sind. Sie besitzen eine mehr oder minder behaarte Haut und atmen über die Lunge. Säugetiere sind Warmblüter, das heißt, ihre Körpertemperatur bleibt immer gleich und ist von der Außentemperatur unabhängig.

1. Woher stammt die Bezeichnung „Säugetiere“?

____

____

2. Was bedeutet der Begriff „Tragezeit“?

3. Welches Säugetier lebt im Wasser?

4. Als was können bei Säugetieren die Gliedmaßen ausgebildet sein?

Wortarten

1. Ordne die in dem folgenden Text unterstrichenen Wörter nach ihrer Wortart in die Tabellen ein.

Tiger unterwegs

Auf dem Weg von ihrem Gehege zur Manege entwischte in New York ein gefährlicher Zirkustiger. Die Raubkatze vergnügte sich erst in einem Park. Dort trieb sie 100 Mitglieder eines Kirchenchors in die Flucht. Auf den Straßen kam es zu Autounfällen. Ängstlich flüchteten die Passanten. Der Tiger wurde schließlich von seinem Dompteur mit einem großen Stück Fleisch zurück in den Käfig gelockt.

Nomen	Artikel	Verben	Adjektive

Personalpronomen	Possessivpronomen	Präpositionen

2. Kreuze an, ob es sich bei den Verbformen um Präsens, Präteritum oder Futur handelt.

Verbform	Präsens	Präteritum	Futur
ich aß			
sie werden singen			
du liefst			
ich gehe			
wir werden gewinnen			

Satzglieder

1. Klammere in dem folgenden Satz die Satzglieder ein.

Mareike schenkt ihrer großen Schwester zum Geburtstag ein interessantes Buch.

2. Ordne alle Satzglieder entsprechend ihrer Funktion im Satz in die Tabelle ein.

a) Der Direktor wünscht den Zirkusbesuchern viel Vergnügen.
b) Die Schüler spielen ihrem Lehrer einen Streich.
c) Sabine schenkt ihr altes Spielzeug einem Kinderheim.

	Subjekt	Prädikat	Akkusativobjekt	Dativobjekt
a)				
b)				
c)				

Rechtschreibung

1. Setze die fehlenden Buchstaben in den folgenden Text ein.

Richtige Vampire

Richtige Vampire gi__t es im Reich der T__re. Vampire gehören zur __amilie der Fledermäuse und leben vorrangig in Südamerika in Felsh__len und hohlen B__men. Die bis zu neun Zentimeter gro__en Tiere verla__en ihre Quartiere nur bei völliger __unkelheit und ern__ren sich, genau wie die Vampire in Film und Fernsehen, vom Blu__ ihrer Beute. Sie rei__en mit scharfen Z__nen einen kleinen Schni__ in die Haut und le__en dann das Blut auf, das aus der Wunde fl__t. Meistens suchen sie sich Tiere als Opfer aus, und nur extrem selten greifen sie Me__schen an. Der Bi__ eines Vampirs an sich ist nicht gef__rlich, doch können dadurch Krankheiten übertragen werden.

2. In dem folgenden Text finden sich 13 Rechtschreibfehler. Streiche die falsch geschriebenen Wörter durch und schreibe sie richtig darüber.

Mit Weihnachtsstollen in die Flucht geschlagen

Mit Weihnachtsstollen, die er als Wurfgeschose einsetzte, hat ein Kaufmann in Darmstadt zwei Reuber in die flucht geschlagen. Nach Polizeiangaben wahren zwei maskierte Mäner in dem Lebensmittelgeschäft erschinen, bedroten den Geschäftsmann mit einer Wafe und forderten ihn zur Herausgabe der einnahmen auf. Der Ladenbesitzer kam dieser aufforderung aber nicht nach, sondern warf mit Weihnachtsstollen nach den Tätern. Die Männer wichen den Süßen Geschossen aus und verlißen fluchtartig das Gescheft.

Diktate für alle Gelegenheiten

Fünf-Minuten-Diktate

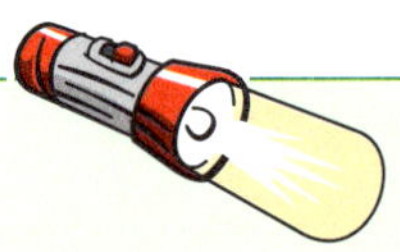

So könnt ihr mit den folgenden Kurzdiktaten üben:

- Diktiert euch gegenseitig am Anfang einer Stunde eines der „Fünf-Minuten-Diktate".
- Wörter, die ihr falsch geschrieben habt, solltet ihr gesondert üben, indem ihr sie z.B. wiederholt aufschreibt oder die Wörterumrisse zeichnet.
- Versucht, die Schreibweise einzelner Wörter zu erklären, indem ihr gelernte Regeln und die Tipps, die in diesem Heft stehen, anwendet und euch die Schreibweise jeweils gegenseitig erklärt.
- Über den Kurzdiktaten stehen die Rechtschreibbereiche, um die es jeweils vor allem geht. Wenn ihr feststellt, dass ihr mit einem bestimmten Bereich besondere Probleme habt, wiederholt noch einmal die Übungen. Die Seitenzahlen sind jeweils angegeben.
- Einigen von euch wird es auch helfen, die kurzen Texte zunächst abzuschreiben. Natürlich nicht alle auf einmal, sondern immer nur einen, den ihr euch diktieren lassen wollt.

s-Laute (S. 70–74)

- Meerschweinchen fühlen sich / in einer großen Kiste / besonders wohl. / Sie sollte mit Sägespänen, / Heu oder Katzenstreu / ausgepolstert sein. / Außerdem benötigen sie / ein kleines Häuschen, / in dem sie schlafen können / und Unterschlupf finden.
- Meerschweinchen sind Pflanzenfresser. / Sie fressen Obst und Gemüse, / also Äpfel und Möhren, / Salat, Wiesenkräuter / und Getreide. / Zum Trinken genügt frisches Wasser. / Nasses Futter schadet ihnen.

- Meerschweinchen quieken, / wenn sie jemanden / begrüßen wollen / oder wenn sie Hunger haben. / Das heißt dann: / Habt ihr etwa / mein Futter vergessen?
- Meerscheinchen sind / keine zu klein geratenen Schweine, / wie ihr Name vermuten lässt. / Sie gehören / zur großen Gruppe der Nagetiere / wie das Kaninchen, / die Maus oder der Hamster. / Ihren Namen erhielten sie / von Seefahrern, / die die Tiere / nach der Entdeckung Amerikas / „über das Meer“ / mit nach Europa brachten.

das oder *dass* (S. 59–60)

- Ob Katzen etwas mögen oder nicht, / das zeigen sie / ganz genau. / Werden sie zärtlich gestreichelt, / dann schnurren sie. / Das bedeutet: / Ich fühle mich wohl. / Stupsen sie ihre Menschen / mit dem Kopf an, / wollen sie spielen. / Legen sie sich gar / auf den Rücken, / dann heißt das: / Ich vertraue dir.
- Es ist allgemein bekannt, / dass Katzen / zwar in der Wohnung leben können, / aber viel lieber / draußen umherstreifen. / Das musst du bedenken, / wenn du dir eine Katze / ins Haus holen möchtest. / Wenn du keinen Garten / zur Verfügung hast, / solltest du dir / ein geeignetes Halsband besorgen, / das es in jeder Zoohandlung gibt.

Kurze Vokale (S. 61–68)

- Jeder Hund braucht / seinen festen Platz im Haus / oder in der Wohnung. / Am besten ist/ ein flacher Korb mit Decke / oder einem waschbaren Kissen. / Er soll / an einer ruhigen Stelle stehen, / aber so, / dass der Hund / alles im Blick hat.
- Besonders junge Hunde / kauen gern, / um ihre Zähne / auszuprobieren. / Hunde lieben weiche Bälle, / Gummitiere, / ein Stück Holz / oder Pantoffeln. / Steine und Metall / schaden ihren Zähnen.
- Wenn ein Hund / ins Haus kommt, / braucht er ein Halsband / und eine Leine. / Außerdem benötigt er / einen Kamm und eine Bürste / für die Fellpflege. / Sein Futter muss / gesund und abwechslungsreich sein.
- An der Körperhaltung / kann man / die Stimmung eines Hundes erkennen. / Ein Hund mit eingekniffenem Schwanz / hat Angst. / Wenn der Schwanz / herunterhängt, / ist der Hund traurig.
- Wellensittiche sind / kleine Papageien, / die in der Natur / in großen Schwärmen / zusammenleben. / Sie sind sehr gesellig / und langweilen sich schnell / oder werden sogar krank, / wenn man sich zu wenig / mit ihnen beschäftigt. / Darum sollten / immer mindestens zwei Tiere / gleichzeitig angeschafft werden.

Lange Vokale (S. 75–85)

- Hunde sind / die treuesten Begleiter des Menschen. / Sie sind sehr anhänglich, / gehorsam / und lernen eine Menge. / Hunde haben / sehr gute Ohren und Spürnasen. / Darum werden viele von ihnen / als Wachhunde gehalten.
- Wölfe sind Raubtiere, / die in Rudeln / leben und jagen. / Anführer eines Rudels sind / der Leitwolf und seine Gefährtin. / Auch Hunde brauchen ein Rudel. / Das ist die Familie, / in der sie leben.
- Hunde sehen / sehr unterschiedlich aus. / Sie sind klein oder groß, / haben spitze oder runde Schnauzen, / kurzes oder langes Fell / in vielen Farben. / Die meisten Hunde / werden heute / als Familienhunde / oder Begleiter des Menschen gehalten. / Darunter gibt es viele, / die besonders kinderlieb sind.

- Zwergkaninchen sind / stille Tiere. / Nur in großer Not / schreien sie. / Aber ihre Körpersprache zeigt, / was sie mögen. / Wenn sie sich anschmiegen / oder mit der Nase stupsen, / dann wollen sie spielen / oder gestreichelt werden. / Legen sie sich flach auf den Boden, / haben sie Angst.

Textdiktate

Mit den folgenden Textdiktaten könnt ihr so üben:

- Erklärt euch gegenseitig die Schreibweise der Wörter mit den fett gedruckten Buchstaben.
- Schwierige Wörter solltet ihr herausschreiben und ihre Wörterumrisse zeichnen.
- Aus den Wörtern, die ganz oder zum Teil markiert sind, könnt ihr zunächst ein Wortdiktat erstellen.
- Diktiert euch anschließend gegenseitig den Text so, dass nach jedem Abschnitt die Rolle des Schreibenden und des Diktierenden wechselt.

Hausmäuse und Feldmäuse

Weiße Mäuse und Farbmäuse / stammen von der Hausmaus ab. / Sie zählt / zu den ältesten Begleitern des Menschen.
Schon vor mehr als 3000 **Jahren** / wurden in **China** / Mäuse als Haustiere gezüchtet. /
Sie fressen alles, / was sie im Haus / finden können: / Brot, Käse, Früchte, / Milch, Getreide. / Es **gibt** aber auch **viele** Mäuse, / die draußen leben: / Feldmäuse, Haselmäuse, / Stachelmäuse und Zwergmäuse. / Sie fressen Getreide, / Nüsse, **Obst** und Würmer.

Viel Nachwuchs

Mäuse sind / gesellig lebende **Nagetiere**. / Darum sollten sie / nicht allein / in einem Käfig gehalten werden. / Besser sind / **mehrere** Weibchen oder Männchen / aus einem Wurf, / weil sie sich / gut miteinander vertragen. /
Mäuse bekommen / sehr viel **Nachwuchs**. / Schon mit vier bis acht Wochen / kann ein Weibchen / mehrere Male im Jahr / bis zu 15 Jungtiere bekommen, / manchmal sogar noch **mehr**. / Deshalb sollten Männchen und Weibchen / nicht in einem Käfig / **gehalten** werden. /
Der Mäusenachwuchs / kommt nackt und blind / auf die Welt. / Nach zwei bis drei Tagen / beginnt das Fell zu **wachsen**. / Mit 12 bis 14 Tagen / **öffnen** die kleinen Mäuse / ihre Augen.

Der Goldhamster

Der Goldhamster ist / als Haustier wenig geeignet. / Hamster schlafen den ganzen Tag / und werden erst wach, / wenn wir **meist** schon im Bett liegen. /
Wird ein Hamster am Tag geweckt, / weil er spielen soll, / dann kann es **passieren**, / **dass** er zubeißt. /
Wer spielt schon gern, / wenn er **vielleicht sehr** müde ist? /
Außerdem ist es nicht einfach, / ihm ein Haus zu bauen, / in dem er sich wohl**fühlt**. / Goldhamster leben in ihrer Heimat / in unterirdischen Bauten / in der **Wüste**. / Auch in einem Käfig wollen sie tiefe Gänge graben. / Die normalen Käfige / reichen dafür nicht aus. /
Damit sich ein Hamster / richtig wohlfühlt, / braucht er ein großes **Terrarium** / und einen Menschen, / der in der Nacht / nicht **gern** schläft.